不平等的灾难

[英]齐格蒙特·鲍曼 著

李丁 译

北京出版集团
北京出版社

著作权合同登记号：图字 01-2023-5416

Does the Richness of the Few Benefit Us All? by Zygmunt Bauman
Copyright © Zygmunt Bauman 2013
First published in 2013 by Polity Press
Simplified Chinese Edition copyright © 2024 by Beijing Publishing Group
This edition is published by arrangement with Polity Press Ltd., Cambridge, and Gius. Laterza & Figli, Rome

图书在版编目（CIP）数据

不平等的灾难 /（英）齐格蒙特·鲍曼著；李丁译. — 北京：北京出版社，2024.5（2024.7重印）
书名原文：Does the Richness of the Few Benefit Us All?
ISBN 978-7-200-15139-8

Ⅰ.①不… Ⅱ.①齐…②李… Ⅲ.①平等（经济学）—研究 Ⅳ.①F036

中国版本图书馆 CIP 数据核字（2021）第 216206 号

总 策 划：	高立志　王忠波	选题策划：	高立志
责任编辑：	高立志　张锦志	特约编辑：	刘　莉
责任营销：	猫　娘	责任印制：	陈冬梅
装帧设计：	吉　辰		

不平等的灾难
BU PINGDENG DE ZAINAN
［英］齐格蒙特·鲍曼　著
李丁　译

出　　版	北京出版集团
	北京出版社
地　　址	北京北三环中路6号
邮　　编	100120
网　　址	www.bph.com.cn
发　　行	北京伦洋图书出版有限公司
印　　刷	北京华联印刷有限公司
经　　销	新华书店
开　　本	880毫米×1230毫米　1/32
印　　张	4.125
字　　数	52千字
版　　次	2024年5月第1版
印　　次	2024年7月第2次印刷
书　　号	ISBN 978-7-200-15139-8
定　　价	45.00元

如有印装质量问题，由本社负责调换
质量监督电话　010-58572393

总　序

"大家小书"自2002年首辑出版以来，已经十五年了。袁行霈先生在"大家小书"总序中开宗明义："所谓'大家'，包括两方面的含义：一、书的作者是大家；二、书是写给大家看的，是大家的读物。所谓'小书'者，只是就其篇幅而言，篇幅显得小一些罢了。若论学术性则不但不轻，有些倒是相当重。"

截至目前，"大家小书"品种逾百，已经积累了不错的口碑，培养起不少忠实的读者。好的读者，促进更多的好书出版。我们若仔细缕其书目，会发现这些书在内容上基本都属于中国传统文化的范畴。其实，符合"大家小书"选材标准的非汉语写作着实不少,是不是也该裒辑起来呢?

现代的中国人早已生活在八面来风的世界里,各种外来文化已经浸润在我们的日常生活中。为了更好地理解现实以及未来,非汉语写作的作品自然应该增添进来。读书的感觉毕竟不同。读书让我们沉静下来思考和体味。我们和大家一样很享受在阅读中增加我们的新知,体会丰富的世界。即使产生新的疑惑,也是一种收获,因为好奇会让我们去探索。

"大家小书"的这个新系列冠名为"译馆",有些拿来主义的意思。首先作者未必都来自美英法德诸大国,大家也应该倾听日本、印度等我们的近邻如何想如何说,也应该看看拉美和非洲学者对文明的思考。也就是说无论东西南北,凡具有专业学术素养的真诚的学者,努力向我们传达富有启发性的可靠知识都在"译馆"搜罗之列。

"译馆"既然列于"大家小书"大套系之下,当然遵守袁先生的定义:"大家写给大家看的小册子",但因为是非汉语写作,所以这里有一个翻译的问题。诚如"大家小书"努力给大家阅读和研究提供一个可靠的版本,"译馆"也努力给读者提供一个相对周至的译本。

对于一个人来说,不断通过文字承载的知识来丰富自己是必要的。我们不可将知识和智慧强分古今中外,阅读的关键是作为寻求真知的主体理解了多少,又将多少化之于行。所以当下的社科前沿和已经影响了几代人成长的经典小册子也都在"大家小书·译馆"搜罗之列。

总之,这是一个开放的平台,希望在车上飞机上、在茶馆咖啡馆等待或旅行的间隙,大家能够掏出来即时阅读,没有压力,在轻松的文字中增长新的识见,哪怕聊补一种审美的情趣也好,反正时间是在怡然欣悦中流逝的;时间流逝之后,读者心底还多少留下些余味。

刘北成

2017年1月24日

导 言

齐格蒙特·鲍曼（Zygmunt Bauman，1925—2017）是与吉登斯、贝克齐名的当代世界最伟大的社会学家之一。他著作等身，理论视域十分宽广，研究的主题不断转换，早年在"社会主义/资本主义"的理论框架中从对作为一种"积极的乌托邦"的社会主义的幻想到对作为政治体系的国家社会主义的失望，之后在"现代性与后现代性"的理论框架中探究了知识分子、大屠杀、社会学、伦理学等研究主题，晚年在"固态现代性/液态现代性"的理论框架中关注资本的全球化所引发的社会不平等问题。尽管鲍曼在不同时期关注的主题不同，但鲍曼一直以"问题化"的理论策略保持着对现代性与后现代性的反思与批判，一直关注着这个"流动的"或"液态的"现代世界，关注着"资本的全球化"所带来的一切后果，关注着这个被称为"消费主义"社会的"新穷人"的命运，并在晚年以日记的方式再次对纳粹屠杀犹太人这一事件进行深刻反思，以警醒世人。

以时间为序，鲍曼思想大致分为以下四个阶段：第一阶段是创作于20世纪60年代和70年代的6部著作。在这一时期，鲍曼主要关注社会主义的乌托邦领域，相信社会主义现代性的承诺。第二阶段是创作于80年代后期和90年代初期的5部著作，其中《立法者与阐释者》《现代性与大屠杀》《现代性与矛盾性》被誉为"现代性的三部曲"。鲍曼关注知识分子的新奇经历、大屠杀事件和源自对现代性的"矛盾情感"的分析。在这一时期，鲍曼倾向于从认知的视角来界定现代性与后现代性，其理论特征是通过后现代性的理论策略来凸显现代性的动力机制和理论追求内在的两难困境。第三阶段是创作于90年代中期的5部著作，其中《后现代伦理学》、《生活在碎片中——论后现代道德》和《后现代性及其不满》被誉为"后现代性的三部曲"。这一时期鲍曼宣告了一个完全不同于现代社会的后现代社会的来临。鲍曼不仅描述了后现代的社会状况，而且主张建构后现代性的社会学与后现代性的伦理学。第四阶段是以1998年出版的《全球化——人类的后果》一书为标志。从这本书开始，鲍曼很少使用"后现代性"一词，在2000年出版的《流动的现代性》一书中，鲍曼用"固态的现代性/液态的现代性"这对概念代替了"现代性/后现代性"概念。之后，鲍曼出版了"流动的现代性的五部曲"。在鲍曼看来，吉登斯的"晚期现代性"、贝克的"第二现代性"都不能更准确、精当地反映当今社会所发生的重大变化；相反，他认为"流动的现代性"（液态的现代性）的概念有助于我们理解世界的变化和它的连续性。

应该说，鲍曼不同时期的作品表述风格各异，在关于知识分子、大屠杀、社会学、伦理学、全球化等研究主题的论述中，鲍曼是通过较为严密的逻辑论证来完成的，论述风格更为学术化；而在2000年以后，其论述风格则更为文学化，也更为"后现代"。鲍曼经常发明和创造新概念和新语词，用象征和比喻手法，采取诠释、修辞和批判的方式来表达那些不可捉摸、含混不清、没有中心和不断更新的思想观念和生活方式。比如他将现代个体的生存样式比喻为"朝圣者"，而将后现代个体的生存样式比喻为"漫步者"、"流浪者"、"观光者"和"比赛者"，等等。这种更为文学化的叙事风格"经常是去震撼和触动读者，而不是试图以一种逻辑的、理性的论证来赢得他们"。鲍曼也由此被称为后现代的社会学家或小品文式的作家。

由中国人民大学李丁教授翻译的《不平等的灾难》一书是鲍曼2013年出版的作品，书名可以直译为《少数巨富造福众人？》，答案毫无疑问是否定的。鲍曼从1998年发表《全球化——人类的后果》和《工作、消费主义与新穷人》以来，他一直关注资本的全球化在全世界范围内所引发的更为严重的两极分化现象。对鲍曼而言，社会不平等及其不断扩大和加速再生产的本性是老生常谈的问题，但其带来的"新奇的、惊人的、可怕甚至令人瞠目结舌的社会分化"及由此而引发的激烈争论促使我们对社会不平等的原因和结果重新加以思考。

鲍曼首先用客观的数据展示了当今世界的不平等状况。鲍曼将这种社会分化概括为:"世界上最富有者与最贫穷者之间的差距在不断增长","全球不平等的长期趋势呈现出""向国家之间不平等下降,而国内不平等加剧的方向转变",这个世界日益被分化为"穷人"和"富人"两大对立阵营,他们处于两个不同的世界中。"随着人们在地理上的两极分化,对彼此真实的了解越来越少,想象的成分便越来越多。"然而,比这种社会不平等扩大趋势更为严重的是,绝大多数人相信或被诱导相信"少数极富之人对社会有益"的结论。鲍曼不仅力图戳穿这些谎言,而且希望我们能从"一种允许社会中少数富人占有越来越大财富份额的经济模式最终将自我毁灭"中认真吸取教训。

鲍曼首先分析了我们为什么对不平等熟视无

睹。在鲍曼看来，这不仅是因为我们接受了"每个人追求自身的利益，必然会让社会整体受益"的自由主义观念，更是因为我们一直默认了如下信条，即"精英主义是高效的，独占是正常的，而由此带来的绝望也是必然和无法避免的"。正是这些观念带来了共同困境的永续。与此同时，在一个"结构化了的"社会中，社会接纳、社会地位和声望使得决定人们选择范围的"命运"的天平更有利于那些从不平等中获利或试图从中获利的人。

然而，比这更糟糕的是层层编织的弥天大谎。

第一个是关于经济增长是应对各类挑战的唯一路径的谎言。事实上，经济增长仅仅意味着少数人的富裕程度在上升，对于其他不可计数的大多数人而言，则是社会地位与自尊的急剧下降。社会不平等随着总财富的增长而不断加剧，社会金字塔顶端与底层之间的生存安全、总体福利等方面早已不可跨越的鸿沟在进一步加深。

第二个是关于持续增长的消费是满足人类追求幸福的唯一方式的谎言。当今世界，所有信息都在显示，追求幸福等同于购物，幸福就在商店的货架上等着人们来找。消费者是我们的第一身份。社会中的人被区分为完全成熟的消费者和失败的消费者。前者对自己的努力很满意，因为他们掌握了追求幸福的复杂处方，而竞争的失败者则开始责怪自己，为自己的不佳表现而羞愧，从而失去自尊与自信。鲍曼由此警醒世人，为了阻止社会性灾难降临到这个被狂热的消费主义控制的世界，人类应该在危机尚在人类联合能力还能应付的范围内，防止它具体成形。

第三个是关于社会不平等的自然性法则的谎言。在西方国家发展的历史中，意识形态的灌输使我们相信由于个体在天资、能力以及才干等方面存在着天然不平等，社会的不平等是很自然的且可以接受的，它与公正与否无关，只代表了"事情本该如此"的一种"事物的秩序"。然而在今天，社会不平等找到了一种不需要修复其天然性伪装就可以自其发展的方式。

第四个是关于竞争是社会公正及社会再生产的充要条件的谎言。鲍曼指出,在流动的现代社会,或个体化的消费社会中,笛卡尔以来的主客二元对立关系中不可改变的对立情形和不可更改的地位不平等关系被消费者市场中类似的顾客-商品模式继承下来,并被循环利用。这种顾客-商品的有用性关系被移植到了人际间的互动中,商品一旦丧失其有用性,即被抛弃或取代。这带来了人际间的脆弱联结,以及萦绕在每个人心头对孤立、遗弃和孤独的恐惧和焦虑。由于每个个体既是自己的主体,又是他人眼中的客体,所以,当两个独立的、自我推进的能动者从不同的视角审视共同的环境时,摩擦在所难免。在无休止的单方获利的竞争游戏中,世界变得越来越冷酷、陌生和令人厌恶。

社会学家的使命就是戳穿上述谎言,这或许比找到解决问题的办法更重要。

鲍曼最后对人们普遍的"言行不一"做了反

思。如果询问人们珍视的价值标准是什么，可能绝大多数人会首先提及平等、尊重、团结和友谊。然而在生活中，人们的行动却是沉迷于增长、消费、竞争、自私自利的市场化、个体化。在言与行之间存在巨大鸿沟。鲍曼指出，作为创作与实践的思想者，要履行的责任是，用话语去影响现实。我们需要警醒大多数人，"贪婪无益于任何人"，人类不能总是通过灾难的真正发生来识别和承认灾难的到来。我们能否避免灾难发生？鲍曼悲壮地呼吁："我们永远无从得知，除非我们一遍一遍地尝试，即便一次比一次艰难。"

《不平等的灾难》一书篇幅不长，其关注的主题实际上是对全球化后果的延展与深化。与20世纪末相比，社会不平等的程度进一步扩大，社会阶层的固化程度也进一步加深了。在这些表象背后则是各种蓄意制造的谎言与权力合谋，诱使更多人相信"少数极富之人对社会有益"的说辞，而鲍曼力图戳穿这些谎言。对鲍曼而言，社会学家的使命就是揭露问题之所在，因为不提出问题比无法回答已经进入官方议事日程的问题更加危险。与此同时，面对因贪婪、腐败、竞争和自私带来的相互猜疑和提防，鲍曼力图在"别无选择"的现实面前对"可能选择"进行真正探讨。鲍曼始终将平等、尊重、团结与友爱视为无比珍贵的价值。尽管2019年末肆虐全球的新冠疫情再次验证了鲍曼的预言：在21世纪，合作与团结不仅不受欢迎，而且是极其困难和代价高昂的一种选择，但是鲍曼相信社会学应该承担起促进人类团结的使命，这既是社会学的魅力，也是鲍曼思想的永恒魅力。

郑莉

凡有的,还要加给他,叫他有余;凡没有的,连他所有的,也要夺过来。

(《马太福音》十三章12节)

哪里有巨大的财富,哪里就有巨大的不平等。有一个巨富之人,同时至少必有500个穷人。

(亚当·斯密)

钦佩或近于崇拜富人和大人物,轻视或至少是怠慢穷人和小人物的这种倾向,是我们道德情操败坏的一个重要而又最普遍的原因。

(亚当·斯密)

啊!殿下,请您别那么想,不要为了枉法而驱除理智。请殿下明察秋毫,别让虚伪掩盖了真实。

(莎士比亚《一报还一报》)

目　录

导论	001
第一章　今天究竟有多不平等？	007
第二章　为什么对不平等熟视无睹	023
第三章　层层编织的弥天大谎	031
经济增长	036
不断增长的消费	054
社会不平等的"自然性"	076
竞争是公正的关键	084
第四章　对言行不一的反思	097

导 论

联合国大学世界发展经济学研究所（World Institute for Development Economics Research at the United Nations University）最近的一项研究表明，2000年世界上最富有的1%人口占有全球40%的资产，最富有的10%的人口占有全球85%的财富。而身处底层的50%的人口却只占全球财富的1%。[1]不过，这也只是飞速发展的文明进程中的一个瞬间罢了。对人类平等以及**我们所有人的生活品质**而言，坏消息正接踵而至，且日益糟糕。

"社会不平等足以让现代工程的发明者赧颜。"——米歇尔·罗卡尔（Michel Rocard）、多米尼克·布尔格（Dominique Bourg）和弗洛朗·奥

---

[1] James B. Davies, Susanna Sandstrom, Anthony Shorrocks and Edward N. Wolff, 'The world distribution of household wealth', Discussion Paper No. 2008/03, *World Institute for Development Economics Research*, United Nations University, Feb. 2008.

加尼厄（Floran Augagneur）2011年4月3日在法国《世界报》上发表文章《濒危的人类》，如此总结道。在启蒙时代，也就是培根、笛卡尔及黑格尔在世之年，世界任何地方的生活水准都不会高于最贫困地区的两倍。而今天，卡塔尔这个最富有的国家已经宣称其人均收入是最贫穷国家津巴布韦的428倍。大家别忘了，这还只是两个**平均值**之间的对比，就像是野兔马肉酱的搞笑配方：用一只小野兔，配上了一匹大马……

在这个被经济增长原教旨主义折磨的星球上，贫困的顽固存在，足以让有思想的人停下来，好好反思一下财富再分配所造成的直接或间接的伤害。把绝望、黯淡的穷人与乐观、自信、喧闹的富人分隔开来的鸿沟已经很深，除最强壮有力、勇气十足的攀登者之外，谁都无力逾越。而这，显然应引起我们的深切关注。正如罗卡尔及其合作者警告的，日益加深的不平等，首当其冲损害的就是民主。日益缺乏、紧俏、难以获得的生存要件和舒适的生活已成为在被供养者和被离弃的穷人之间残酷争夺的目标（甚或引发战争）。

自由市场经济最基本的道德辩护词之一——**追逐私利为实现共同利益提供了最佳机制已**经开始被人质疑，几乎是不可信的。OECD（Organisation for Economic Cooperation and Development），即经济合作与发展组织，在官网上宣称自己是一个联合组织，其34个成员国，"遍布全球，从北美、南美到欧洲以及亚太地区。除了世界上最发达的国家以外，还包括新兴国家如墨西哥、智利、土耳其。我们也与中国、印度、巴西这样的新兴大国，以及非洲、亚洲、拉丁美洲及加勒比海地区的发展中国家紧密合作。一直以来我们的目标是共同建设一个更加强大、干净、公平的世界"。在最近这次金融危机爆发前的20年里，OECD中的很多国家，收入最高的10%的家庭，其实际家庭收入增长速度远远快于最穷的10%的家庭。在有些国家，底层家庭的实际收入甚至在下降。收入差距因此显著扩大。《每日电讯报》长期以来积极支持市场这只"看不见的手"

的高效灵活性，它的编辑和订阅者都相信，无论市场制造多少问题都可以自行解决（即便不能解决更多的问题）。报纸的助理编辑杰里米·沃纳（Jeremy Warner）承认，"在美国，顶层10%家庭的平均收入是最底层10%家庭的14倍"，他还指出："从社会的角度看，收入不平等的加剧显然不可取；但只要大家一起变得更富有，这个问题就不会凸显。然而实际发生的是，经济增长的大部分回报都流向少数高收入者，那就显然要出问题了。"[1]

这一谨慎的"招认"，听起来不情不愿，不过是半真半假，却成为近来这波不断涌现的，证明贫富两极间的距离正在快速增长的研究发现及政府统计数据的"浪潮"之巅。曾经对公众反复洗脑，使之不被质疑、异议、核查的政治宣言，

---

[1] Jeremy Warner, 'Scourge of inequality is getting worse and worse', *Telegraph blog*, 3 May 2011, at http://blogs.telegraph.co.uk/finance/ jeremywarner/100010097/scourge-of-inequality-is-getting-worse-and-worse/ (accessed Jan. 2013).

正在受到冲击——社会顶层所积累的财富并没有"涓滴"下来,让我们其他人变得更富有,或者让我们对自己及后代的未来感到更加乐观,或者觉得更为幸福……

在人类历史上,社会不平等及其不断扩大和自身加速再生产的显著倾向并不是什么新闻(本书开篇所引用的《马太福音》中的句子就是甚好的证明)。然而最近,社会不平等这个老生常谈的问题及其原因与后果,却被这些年新奇、惊人、可怕甚至令人瞠目结舌的社会分化重新带回了公众视野,并引发激烈的争论。

第一章　今天究竟有多不平等?

让我们还是先通过几个数字来勾画一下这种分化到底夸张到了怎样的地步吧!

最重要的发现是:美国、英国以及越来越多的国家中,"大分裂"并不是在"上层社会、中层社会与底层社会之间,而是在少数极富之人与几乎所有其他人之间"[1]。可惜我们认识得有些晚了。例如,"截止到2007年,美国的亿万富翁人数在25年内增加到了40倍,而前400名最富有的美国人的总财富从1690亿美元涨到了15000亿美元"。2007年以后,在次贷危机后的经济倒退与失业激增时期,这一趋势仍以指数速率在增长:经济危机并非如大家想象或描述的那样,给所有人以同等的打击;相反,持续而粗暴的打击具有高度的选择性。2011年,美国的亿万富翁人数达到了

---

[1] Stewart Lansey, *The Cost of Inequality* (Gibson Square Books, 2012), p. 7.

1210人，创历史新高；他们的总财富从2007年的35000亿美元增加到2010年的45000亿美元。"在1990年，有5000万英镑你就可以进入《星期日泰晤士报》的英国最富有的200人年度名单，但到2008年，这个数字变为4.3亿，几乎翻了九倍。"[1] 总而言之，"世界上最富有的1000个人占有的财富是全球最穷的25亿人全部财富的两倍"。位于赫尔辛基的联合国发展经济学研究所（World Institute for Development Economics Research）的研究表明，世界上最富有的1%的人口，其财富几乎是底层50%人口的2000倍。[2]

达尼洛·佐罗（Danilo Zolo）最近收集了大量关于全球不平等的资料，他总结道："要充分证明全球化时代中的'权利时代'正在落幕，根本不需要太多数据。国际劳工组织估计，如果以每天两美元为标准，全球还有30亿人生活在

---

[1] Stewart Lansey, *The Cost of Inequality* (Gibson Square Books, 2012), p. 16.
[2] See Davies et al., *'World distribution of household wealth'*.

贫困线以下。"[1]佐罗还指出，约翰·加尔布雷思（John Galbraith）曾在联合国开发计划署（United Nations Development Programme）1998年的《人类发展报告》的前言中记录：世界上20%的人口垄断了全球生产的86%的产品与服务，而最穷的20%的人口仅消费了1.3%。时至今日，也就是15年以后，这些数字变得更糟糕了：最富有的20%的人占有了90%的产品，而最穷的20%的人只消费了1%。有人甚至估计全球前20名富翁所占有的资源，相当于最穷的10亿人的资源占有总量。

10年前，格伦·法尔博（Glenn Firebaugh）注意到全球不平等的长期趋势呈现出逆转迹象——从国家之间的不平等加剧而国内不平等相对稳定或下降，向**国家之间**不平等下降而**国内**不平等加剧的方向转变[2]。这一时期，"发展中"国家和"新兴"国

---

[1] Claudio Gallo, 'Exitdemocracy,entertele-oligar- chy', interview with Danilo Zolo, Asia Times Online, at www.atimes.com/atimes/Global_Economy/NI26Dj01.html (accessed Jan. 2013).

[2] See Glen Firebaugh, *The New Geography of Global Income Inequality* (Harvard University Press, 2003).

家涌入了大量外资,以寻求新的"处女地"——那里有望快速盈利,挤满了大量温顺廉价,还没有被消费主义"病菌"侵蚀的劳动力:他们随时可以工作,只需一份仅能维持生存的微薄工资。而"发达"经济体中的工厂加速消失,本地劳动力的处境日益恶化,讨价还价越来越难。10年后,弗朗索瓦·布吉尼翁(François Bourguignon)发现,如果以各国的人均收入来衡量,全球不平等在缩小,但全球最富有者与最穷困者之间的差距还在不断增长,国家内部的收入分化仍在不断扩大。[1]

龚古尔文学奖(the Prix Goncourt)获得者,同时也是经济学家的埃里克·奥森那(Érik Orsenna)在接受莫妮克·阿特朗(Monique Atlan)与罗歇-波尔·德鲁瓦(Roger-Pol Droit)的访问时,总结了以上所有以及许多其他类似数据传达的信息。他坚持认为:当前的转变仅惠及全球人口中极小一部分;如果我们还和10年前那样,只

---

1 See François Bourguignon, *La mondialisation de l'inégalité* (Seuil, 2012).

分析最富有的10%的人的平均收益[1]，其真实的规模我们无从得知。想理解当前仍在继续的**突变**（而非周期中的一个阶段）的发生机制，就应该聚焦于收入最高的那1%，甚至0.1%的人，否则，我们无法察觉上述突变的真实影响，**主要在于"中产阶级"的瓦解，并沦为"无产者"**。

不管研究者关注的是自己的国家还是其他更广阔的范围，几乎所有的研究都确证了上述建议。除此之外，所有研究在另一点上也达成了一致：**几乎在世界上所有地方，不平等都在快速加剧。这意味着富人尤其是那些极富之人，变得越来越富有；而穷人，尤其那些最穷的人，变得越来越穷**——大多是在相对意义上如此，但在越来越多的情况下甚至在绝对意义上都如此。而且，富人变得更富**仅仅因为**他们是富人，而穷人变得更穷**仅仅因为**他们是穷人。如今，不平等依靠**其内在**

---

[1] See Monique Atlan and Roger-Pol Droit, *Humain. Une enquête philosophique sur ces révolutions qui changent nos vies* (Flammarion, 2012), p. 384.

逻辑与动力而不断加深，甚至无须借助外力——如外部的刺激、压力或推力。今天，社会不平等都快要变成人类历史上的第一部"永动机"了——人类经过无数次失败之后，终于创造并启动了它。在这种分化发生的时刻，我们有义务从新的角度来理解社会不平等。

早在1979年，一项卡耐基研究就已生动地论证了一个论点，该论点当时就有大量证据支持，且不断被日常生活经历所确证：孩子的未来很大程度上取决于他所处的社会环境、他在哪里出生、父母社会地位如何，而非决定于自己的智力、才能、努力或者贡献。大企业律师的儿子40岁时获得高工资并成为最富有10%的人群中的一员的概率，是办公室临时职员的儿子的27倍；后者仅有1/8的概率挣得一份中等水平的工资。哪怕他们有着相同的智商，坐在同一间教室的一张凳子上学习，表现一样，同样努力。将近30年后，到2007年，情况变得更加糟糕——贫富差距变得更大、更深，比以往任何时候都更难逾越。美国国会预算办公室的一项研究表明，美国最富有的1%的人拥有的财富达到16.8万亿美元，比底层90%的人口所拥有的总财富还要多2万亿美元。美国进步中心的研究显示，这30年中，底层50%的人平均收入仅增长6%，而最富的1%人群的收入增长了229%。[1]

1960年，美国大型企业的首席执行官税后平均薪资高达工厂工人的约12倍。到1974年，一个公司的CEO薪资与额外津贴达到了公司普通员工平均薪水的35倍。1980年，CEO的平均收入已是蓝领工人平均收入的42倍，10年后翻倍为84倍。从1980年左右开始，不平等开始急剧加速。根据《商业周刊》的数据，上述比率在20世纪90年代中期已达到了135倍，1999年达400倍，2000年跃升到531倍……这只是在快速暴增的此类"事实真相"和数据中选取了少量几个而已，这些数据试图描述、量化并测量事实状况。只要愿意，

---

1 Studies cited in 'Explorations in social inequality', at http://www.trinity.edu/mkearl/strat.html (accessed Jan. 2013).

这样的数据你还可以继续不断地列举引用，因为它们"取之不尽"，每一项后续研究都在继续补充新数据。

但是，这些数据到底反映了怎样的社会现实？

对于2007年信贷危机发生前已持续二三十年的资本主义大繁荣及之后出现的经济衰退的戏剧性后果，约瑟夫·施蒂格利茨（Joseph Stiglitz）总结道：以往人们总是这样来论证不平等的合理性，说那些处于顶端的人扮演着"工作机会创造者"的角色，他们对经济的贡献更大。可是"到了2008—2009年，你会看到这些家伙们将经济带到崩溃的边缘，也带走了数以亿计的美金"。而这一次，显然不能再以对社会的贡献来论证他们所得报酬的合理性；他们带来的哪里是新工作，而是一支支不断延长的"冗余人员"和剩余劳动力队伍（这是现在对失业者的称呼，并非没有充分的理由）。在《不平等的代价》(*The Price of Inequality*) 一书中，施蒂格利茨警告称，美国正在变成这样一个国家：那里的富人住在门禁森严的高档小区，将子女送往昂贵的学校，享受着最好医疗条件。与此同时，其他人却只能生活在到处都不安全，教育水平极其平庸，医疗资源配给供应的世界里。[1]这简直是一幅**"两个世界"的图景**，它们彼此之间几乎没有任何交往和交集，所有的交流都已中断。在美国和英国，很多家庭都在努力留出一大部分收入以便从空间和社会意义上远离"另外一些人"（尤其是穷人），而且是越远越好。

谢菲尔德大学人文地理学教授丹尼尔·多林（Daniel Dorling）针对不平等所做的尖锐而巧妙的剖析，为施蒂格利茨给出的概要性"骨架"提供了鲜活的"血肉"，同时也将研究视角从一国范围拓展到了全球层面：

世界人口中最穷的10%经常食不果

---

[1] Joseph E. Stiglitz, *The Price of Inequality: Avoidable Causes and Invisible Costs of Inequality* (Norton, 2012).

腹，而最富有的10%甚至记不起家族历史上曾经有人挨过饿。最贫穷的10%鲜少能保证自己的子女接受最基本的教育，而最富有的10%却因为担心子女与"其他小孩"混在一起，而愿意支付大量的学费以确保自己的子女仅和与自己"相当"甚至"更好"的人接触。最穷的10%生活在往往连社会保障和失业救济都没有的地方，而最富的那10%根本不会去想自己需要靠这样的福利来生存。最穷的10%只能拼命守好自己在镇上的工作或者干脆就是村里的农民，而最富有的10%根本无法想象怎么会没有稳定的月薪。而在他们之上，最富的1%，甚至无法想象靠固定工资而非资产所产生的利益来生活。[1]

---

[1] Daniel Dorling, *Injustice: Why Social Inequality Persists* (Policy Press, 2011), p. 132.

他总结道:"随着人们在地理上的两极分化,他们对彼此的真实了解越来越少,想象的成分便越来越多。"[1]

与此同时,斯图尔特·兰西(Stewart Lansey)在其最近名为《不平等:当前经济困境的真凶》(*Inequality: the real cause of our economic woes*)的发言中,做出了与施蒂格利茨及多林一致的判断:富人变得更富有可以服务社会,这样的信条实际上不过是蓄意的谎言,混合着有预谋的道德盲目性,它得到了权力的襄助:

> 根据正统的经济学,严格遵循不平等,可以带来更高的效率和更快的经济增长。因为它宣称,给社会顶端更高的回报及更低的税收可以激发企业家精神,带来更大的经济蛋糕。
>
> 然而,这持续30年的推进不平等的

---

[1] Daniel Dorling, *Injustice: Why Social Inequality Persists* (Policy Press, 2011), p. 141.

尝试奏效了吗？事实证明并没有！财富差距飙升，但许诺的经济增长却没有出现。自1980年以来，英国的经济增长率与生产率下降了1/3，失业水平是更平等主义的战后时期的5倍。1980年之后的三次衰退比20世纪50年代和60年代的危机更严重和持久，并在过去4年的危机中达到顶点。1980年以来的尝试带来的主要结果是造就了一个两极分化更严重和危机更易发生的经济。[1]

兰西发现，"工资份额的下降抽走了经济体的需求，而此类经济体严重依赖消费者支出"，这实际上造成"消费社会失去了消费能力"，与此同时，"增长的收益集中在少数全球金融精英手中，造成

---

[1] Stewart Lansley, 'Inequality: the real cause of our economic woes', 2 Aug. 2012, at http://www.socialenterpriselive.com/section/comment/policy/20120802/inequality-the-real-cause-our-economic-woes (accessed Jan. 2013).

了巨大的资产泡沫",他由此得出的必然结论是:**社会不平等带来的残酷现实对社会中的每一个人或者说几乎每一个人都有害**。在上述判断后,他提出一个理应出现但此前无人提出的观点:"从过去30年中最应该吸取的教训是,一种允许社会中少数富人占有越来越大财富份额的经济模式最终将自我毁灭。但这一教训似乎仍未被我们认真吸取。"

这一教训必须认真吸取,只有这样才能避免走上不归路:当前"经济模式"已释放出许多即将发生灾难的警告,却没有引起人们的注意,更未让人们采取行动,使得自我毁灭有可能真正发生。《公平之怒:世界为何病了》(*The Spirit Level: Why More Equal Societies Almost Always Do Better*)[1]很有启示性,它的作者理查德·威尔金森(Richard Wilkinson)与凯特·皮克特(Kate Pickett)在为多林的著作联合撰写的前言中指出,下面的信条是再明白不过的谎言:"付给富人巨额

---

1 Richard Wilkinson and Kate Pickett, *The Spirit Level: Why More Equal Societies Almost Always Do Better* (Allen Lane 2009).

工资与薪金"是对的,因为他们拥有的"稀有才智"可以造福社会中的其他人。这个我们冒着极大危险却坦然咽下的谎言,最终会让我们付出自我毁灭的代价。

从威尔金森和皮克特的研究面世以来,已然很高且仍在加剧的不平等导致人类共处模式病态化,社会问题恶化,甚至带来毁灭性影响的证据还在不断涌现。过度的贫富不均与急剧增长的社会病症之间的高度相关已得到广泛确证。越来越多的研究者和分析家指出,除了对生活质量的负面影响外,不平等对经济绩效也有不利影响;不仅无法促进经济增长,反而还是障碍。在前引著作中,布吉尼翁摘选出了社会不平等阻碍经济发展的几种原因:一些有潜力的企业家的才能被压制,他们因为缺乏借贷者要求的抵押物而无法获得银行的贷款;教育成本的不断上升,剥夺了优秀的年轻人学习新技能以发展和应用自身能力的机会。他还指出社会张力的增加及不安全氛围扩散的负面影响——高速增长的安保费用正吞食那些本该有更好的经济用途的资源。[1]

因此，概括而言，绝大多数人相信，或者我们所有人都被迫或被诱导去相信，通常也倾向于接受的东西里是否存在真理呢？也就是说，"少数极富之人造福了我们所有人"是真的吗？特别是，对人类社会天然存在的不平等的任何干预，是否会真的有害于社会的健康与活力？是否也会真的有害于社会的创造力和生产力？而人类社会的每一名成员都有既得利益，希望增强这些能力且使之保持在可想象的最高水平？社会地位、能力、权利和酬劳上的差异真的反映了自然禀赋及社会成员对社会福利的贡献吗？

本书接下来的讨论将努力展示为何所有这些类似的信仰都不过是骗人的谎言，为什么说这些信念几乎没有机会成真，根本无法兑现其（虚假）承诺。本书还想找出，为什么尽管这些信仰越来越明显不真实，而我们却继续无视其承诺的虚伪性，未能看穿其彻底不可能兑现的本质。

---

[1] Bourguignon, *La mondialisation de l'inégalité*, pp. 72—74.

第二章　为什么对不平等熟视无睹

丹尼尔·多林在他关于不平等及其表现和原因的著作中强调:"社会不平等之所以在富裕国家始终存在,是因为人们依然相信一些不公正的信条,而一旦认识到我们所身处的社会的意识形态结构可能存在问题,人们一定会非常震撼。"[1] 这些"不公正信条"是不言而喻的(隐性)前提,支撑着那些被大肆宣扬的(显性)信念,并假装"很合理",但其实它们几乎从未被认真反思或检验;它们一直是我们的内在信念,却很少被清晰地表达出来;我们**以之**进行思考,而并不思考**其本身**——当我们形成观念时,没有其他有血有肉的信念可以倚仗,我们别无其他用以行走的双腿。

多林以玛格丽特·撒切尔(Margaret Thatcher)在1970年访问美国时的讲演为例,撒

---

1 Dorling, *Injustice*, p. 13.

切尔以善于发现和利用大众的偏见来积累自己的政治资本而闻名:

> 我们尊重每一个人,不是因为他们是一样的,相反,是因为他们每个人都不一样……我要说,让我们的小孩长得尽量地高,如果其中有些小孩有能力长得更高,就让他们长得更高点。为了个人和社会整体的利益,我们应该建设一个让每个人都能充分发挥其潜能的社会。

请注意,让撒切尔这番言论看起来几乎不证自明的关键前提并没有被明确道出,且在此被认为理所当然:只要每一个人都追求"自己的利益",就可以让"作为整体的社会"获得恰当的好处。正如多林尖锐指出的,撒切尔假定"个人潜能就像身高一样"(非人力所能干预),而又未经证实就假定,不同的个体具有不同的能力是**天然的**,而不是因为所处**社会条件**不同造成发展自身潜能的能力不同。换句话说,撒切尔理所当然、不言而喻地认为,我们的能力不同就如身高不同一样,在出生时就被决定了。言外之意,命运的裁定非人力所能改变这一观点是再正常不过的。这就是直到20世纪末,"自私的人能以某种方式有利于他人这一奇怪的观念被人们所接受"[1]的原因之一。

然而,在多林看来,这绝非支撑和维持社会不平等不断延续的唯一"不公正信条"。他列出了其他几个隐性的潜在信条,这些信条没有进行批判性检验,完全经不起事实推敲,却偏偏一直在形塑大众的普遍认知、态度和行为。这些信条包括:(1)精英主义是高效的(如果想造福于多数人,只能增强那些相对稀缺的能力——从定义看,就只能是少数人独有);(2)独占(exclusion)是正常的,也是社会健康运行的必要条件,而贪婪对于生活改善有好处;(3)由此带来的绝望也是必然和无法避免的。这一系列的错误信条意味着,

---

1 Dorling, *Injustice*, p. 197.

我们自愿地、几乎不加反思地、草率地屈从于社会不平等，由此造成的共同困境会继续下去，且永远自我维持。

人类创造自己的历史已经有很长一段时间了，尽管一再痛苦地发现所处的环境并非自己所能选择。而且历史是人类共同创造的。如今，我们正一起沉醉于购物消费和各种肥皂剧。人们收看电视、浏览互联网的时候，阶层执念（status paranoia）也随之强化。营销广告引诱着我们需要更多，将贪婪批量奉送给我们。[1]

总之，我们多数人绝大多数时候都心甘情愿地（有时欢欣雀跃，有时稍有迟疑或抱怨，或咬牙切齿）接受这种奉送，并就此放弃自我，终其

---

1 Dorling, *Injustice*, p. 24.

一生为之竭诚服务。可是，改变一个人的思想是否就足以改变他的行为方式？改变行为方式就足以改变我们的行为所面对的现实及其赤裸裸的需求吗？

事实是，不管喜欢与否，我们都属于**人类**（homo eligens），一种懂得**选择**的动物。即使再大的压力也不曾完全压制我们的选择，从而完全、彻底地决定我们的行为。不管压力有多强大、无情和顽固，我们不是桌球台上任人驱使的台球；可以说，**我们注定是自由的**，不管我们多么迫切地想逃避选择所带来的纠结与痛苦，我们总有一条以上前进的道路可供选择。有两个很大程度上相对独立的要素形塑我们的选择、生活方式及人生轨迹。一个是所谓的"命运"（fate），指那类我们无法改变的环境：那些强加给我们，不由我们主宰的东西（如我们生于何时、何地、何种社会位置）。另一个则是我们的性格（character），从原则上讲，我们多少可以通过训练培养施之以影响。"命运"决定了我们现实选择的范围，但最终是我们的性格对其做出选择。

当然,"命运"所给定的每个人的"现实"选择存在差异,通常差异还很大。有些选择看似比其他选择更容易被挑选,也许更安全,赌输的风险更小或吸引力更大。这些选择比其他那些目前不受欢迎(或不被建议)的选择更易被人们接受,而后者被认为需要耗费更多的时间、努力,甚至需要大的牺牲,或者会招致公众谴责和名声损失,正如当下经常发生的那样。因此,这些"现实"选择被人们挑选的概率分布同样属于"命运"的范畴。说到底,我们生活在一种"结构化的"(structured)社会环境中,而结构化的过程正是由概率操纵实现的。这包括不断安排和调整各种选择的奖惩配置,使得某些选择被挑选的概率比在其他情况下更高。毕竟,"现实"是我们赋予我们内心意愿的外部阻力的名称……越是有违我们意愿的障碍,感觉起来就越"真实"。

选择的社会成本越高,被挑选的可能性就越低。拒绝某些被迫选项的代价,以及顺从它们的回报，主要以社会接纳、社会地位与声望这类"珍稀通货"（precious currency）来支付。在我们的社会，这些支付成本使得对不平等及其后果的反抗（不管是个体的，还是集体的）变得极其困难，但温顺地遵从它或积极地配合，则会容易很多。因此，作为资本主义个体化消费社会中的居民，我们在人生所有或绝大多数游戏中反复投掷的那颗骰子，多数时候是向着那些从不平等中获利或试图从中获利的人……

第三章　层层编织的弥天大谎

约翰·马克斯韦尔·库切（John Maxwell Coetzee）不仅是令人尊敬的哲学家、造诣颇深的小说家，还是一个孜孜不倦的记录者，他敏锐地记录了这个世界的恶行、愚蠢与空虚，他记述道：

> 把世界分割成相互竞争的经济体，是一种天然需求。——这一断言非常牵强。竞争性经济的到来，是我们决定让它成为这个样子的。竞争只是战争升华而来的替代物。战争绝非不可避免。如果想要战争，我们可以选择战争；如果想要和平，我们同样可以选择和平。想要竞争，我们就能选择竞争，但我们也可以选择友好地合作。[1]

---

[1] From J. M. Coetzee, *Diary of a Bad Year* (Vintage, 2008).

障碍在于，不管是不是由先人决定并造成的，处于21世纪初的当今世界并不欢迎和平共处，更不用说人类团结与友好互助了。在这个世界，合作与人类团结不仅不受欢迎，而且是极其困难且代价高昂的选择。也并不奇怪，只有极少数人在极罕见的情况下，才有相应的物质实力和精神力量发现并看透这些。绝大多数人，不管他们的信仰和意愿多么崇高伟大，经常会发现自己面对的是充满敌意、仇恨，且毫不退让的现实；无所不在的贪婪、腐败、竞争与自私，以及由此带来的相互猜疑与持续提防。孤军奋战是无法改变这一现实的，祈祷、争辩、无视，都于事无补，留给人们的选择很少，只能遵循一种行为模式，不管是有意的还是无意的，不管是人为设计的还是自然天成的，这种行为模式最终导致"一切人反对一切人"的世界被反复复制。由此导致我们经常将这些现实（在我们的帮助下每天不断被再生产出来的、人为的、被灌输的、想象的现实）误认为是人力无法挑战和修改的"事物的本质"。按照库切的说法,"普通人"(an average human)会继续相信世界是在必然性而非某种抽象的道德规范下运行的。让我们坦率承认,他(她)将一直相信一个"普通人"有充足理由相信的:要发生的事总是要发生的——不必多说!我们倾向于(正确地)得出这样的结论:在我们生活的世界里,每个人都需要对自己的生活负责。但对此我们做出错误的推论:这个世界没有其他选择,也不可能有其他选择。

那么,这些在我们普通人(或者说"俗人")看来属于"事物本质"和"秩序","必须"要维系的东西,到底是什么呢?换句话说,在我们关于"世界现状"的每个观念中无形存在,我们通常依附于它,形塑了我们对世界的理解(其实是**误解**),被我们默认,却鲜少甚至从未认真检查、审视、参透的前提到底是什么呢?

接下来我会列举其中的几个前提,它们可能比其他错误的信念更应该对社会不平等的危害及其不可遏制地增长与癌症般地四处转移负责。但首先要提醒您的是，只要我们稍微认真审阅一下就会发现，这些所谓的"必须"只不过是存在于此刻的现状的不同方面——他们确实存在，但根本不是"必须"；而反过来也正是在这些未经检验的、不可靠的、完全误导性的前提的支持下，当前的困境才得以不断持续。它们现在的确是"现实"，从它们坚决抵制任何改革或取代现状的企图就可以看出这一点；更确切地讲，任何正在进行的以及可以想象的尝试，都是用我们现有的工具进行的。正如两个伟大的社会学家托马斯（W. I. Thomas）和弗洛里安·兹纳涅茨基（Florian Znaniecki）一个世纪前就发现的：如果人们相信什么为真，他们就会通过行动将其变成真。但是，这并不能证明改革或更替某些有问题的方面是无法实现的，**永远**在人力范围之外。顶多是说，在弥天大谎之上是更大的弥天大谎，这意味着要想改变它们，**仅仅改变我们的思想是不够的**。它还要求**我们改变生活方式**，且改变常常极其巨大，刚开始时非常痛苦、十分不讨喜。

下面从通常被人们认为"显而易见"(无须证明)的默认假定里挑出几个供大家审查:

1. **经济增长**是应对各类挑战的唯一路径,它能解决人类共处过程势必产生的一切问题。

2. **持续增长的消费**,或者更确切地说,加速更替的新奇消费品可能是满足人类追求幸福的唯一方式,或者至少是最主要和最高效的方式。

3. **人类不平等是天然的**,调整人类的生活机会以适应它的必然性,这对全人类都有利,干涉它的规则会损害所有人。

4. **竞争**(竞争双方:有价值者荣升,无价值者出局或沦落)是社会公正及社会秩序再生产的充分必要条件。

经济增长

"蠢货,是经济!"——这是1992年比尔·克林顿（Bill Clinton）同乔治·H.布什（George H. W. Bush）竞选总统时，战略顾问詹姆斯·卡维尔（James Carville）创造的句子。自其诞生以来，这句话就在全球政治词汇表中画出了瑰丽的一笔。现在它已经稳稳扎根在政治话语和"信念"（doxa，普通大众惯常用以思考，却很少被反思，更别说审查和检验的各种信条的集合）中，一次又一次地出现在此后各类选举期间政治家的演讲以及政党代言人的发布会，或者其他任何需要的场所，即便没有这些人物。这就像由无须置疑的共同经历所不证自明的人生真谛一样。这句话假定，公众的反应，是同情还是憎恶，是支持还是反对选战的哪一方，选民能多大程度上从竞选造势活动和口号中认清自己的利益，都全部或几乎全部取决于"经济增长"的涓涓细流。它假定，不管选民们持有什么价值或偏好，左右他们选择的是"经济增长"是否出现，而非其他顾虑。因此，那些被用来衡量经济增长速度的数字，成为预测哪个竞选者能得到权力宝座的最可靠的变量。这一期望,常被另一种流行的说法所表达,"用你的钱包(pocketbook)投票"(美式英语)或者"用你的皮夹子(wallet)投票"(英式英语)。根据朗文辞典的解释,意指一种非常自然的人类行为倾向,"谁能让你挣最多的钱,就投票给谁"。

情况就是这样:按现今广为流传并已牢牢确立的信念,过上令人满意、体面、高贵的生活,也即一种值得过的生活,其机会主要取决于官方"经济增长"数据表面上衡量的那些东西。然而,问题在于,此种信念对于人类来说,并非与生俱来或者说"天然"如此的;相反,它是相对晚近才诞生的。在现代经济学先驱中,那些最令人敬畏的头脑都将"经济增长"看作令人讨厌的麻烦而非祝福,它是在满足人类总需要的必需品供应仍不足的情况下,临时而明显短暂的刺激。他们中的大多数人认为,这个需要的总数是可以计算出来的,一旦社会的生产能力与之相匹配,"稳定而持续的"经济就会随之而来,这更接近、更有助于人类的"自然"性情。例如,19世纪最具天赋的哲学家及学者之一,现代经济学思想先驱约翰·斯图亚特·密尔(John Stuart Mill)[1]就预期,经济从"增长"向"静止状态"的转变必然发生,事实上也正在发生。正如今天的人们可以在当前版本的维基百科中读到的那样,他在《政治经济学原理》(*Principles of Political Economy*)这一杰作中写道,"财富的增长是没有尽头的。增长的尽头应该是一种稳定状态。资本和财富的稳定状态……将是对我们今天的状况的极大改善",而且:

> 资本与人口的稳定状态并不意味着人类进步的停止。相反,人类精神文明、道德与社会进步的空间和以往一样大;人类改进生活艺术的空间同样大,并且当所有的心灵都停歇下来集中关注

---

1 See Robert Heilbroner, *The Worldly Philosophers*, 7th Edn. (Simon & Schuster, 2008).

相处的艺术时,它得以改进的可能性将更大。[1]

正如大家同样可以在维基百科中读到的,直到20世纪,影响力最大的经济学家之一约翰·梅纳德·凯恩斯(John Maynard Keynes)[2]仍然期望着终有一天社会将关注**结果**(例如幸福与福利),而不是和现在一样关注**手段**(经济增长和个体对利润的追逐)。他写道:"贪婪是一种恶习,对暴利的贪求是错误的,对金钱的热爱是可憎的……我们应该再次重视结果而非过程,选择'善(good)'而非'有用(useful)'。"[3]他坚持认为:"经济问题重新退居应在的次要位置的那一天并不遥远,人类内心与头脑的竞技场将被我们的真问题——生活问题、人

---

1 John Stuart Mill, 'Of the stationary state', in *Principles of Political Economy: With Some of Their Applications to Social Philosophy* (J. W. Parker, 1848), Book 4, Ch. 6.
2 See Heilbroner, *The Worldly Philosophers*.
3 John Maynard Keynes, 'Economic possibilities for our grandchildren' (1930), in John Maynard Keynes, *Essays in Persuasion* (Norton, 1963), pp. 358—373.

际关系问题、创造问题、品行问题、宗教问题——占据或重新占据。"[1]这些问题，不仅是"真实"的，而且无限崇高，比引导经济发展的"生存需要"以及准备取而代之的利益最大化诱惑更具吸引力。若最终能真诚面对，这些问题将为我们开辟一条康庄大道，**通往真正大同的人类生活模式与共处模式。**

资本家为了自己的利益肆无忌惮地追求财富的日子又过去了60年。在此追逐过程中，公共财富是构建美好社会——多元的、能够满足人们多方面需求，从而值得生活的社会——的工具的观念已经消失无影，没人再会想到。最近，罗伯特（Robert）和爱德华·斯基德尔斯基（Edward Skidelsky）出版了一本名为《多少才算够？金钱与美好生活》(*How Much Is Enough? Money and the Good Life*)[2]的著作。迈克尔·奥莱利为之写

---

1 John Maynard Keynes, in 'First Annual Report of the Arts Council' (1945—1946).
2 Robert Skidelsky and Edward Skidelsky, *How Much Is Enough? Money and the Good Life* (Other Press, 2012).

了一篇评论,题为"毙于潮涌"(Drowned by the rising tides)[1],评论总结道:"水涨船高的神话如今再也骗不到谁了。"(不过,这一观察结果或许言之过早,与作者预期的相反,全球不平等最近可怕地空前增长,而且,这些最新的、令人震惊的证据并未让人清醒。)在奥莱利看来,经济合作与发展组织(简称OECD)2012年版的年度报告《向增长迈进》(Going for Growth)意味着在官方对当前困境根源的解释中,"穷人该受到责备,而富人应被表扬"。而劳工咨询委员会(Trade Union Advisory Committee)的秘书长约翰·埃文斯(John Evans)评论道:

> 《向增长迈进》仍未从危机中吸取教训,并试图进一步地放开劳动力市场。导致当前问题出现的政策被再次当成解药。在急需建立更大信任的时候,OECD

---

[1] As presented by LMD on 1 Nov. 2012, see http://lmd.lk/2012/11/01/economic-conundrums/ (accessed Jan. 2013).

竟然建议削减对工人的保护，这是非常令人担忧的。

人们天真地以为会按照对公共福祉有益的原则运作的那只"看不见的市场之手"——从国家政策层面来看，即放宽管制，使它从限制其自由活动的法制手铐中解放出来——也许真的看不见，但它属于谁，听谁指挥，却毫无疑问。放宽对银行与资本流动的管制，使得富人的资本可以自由流动，去寻找、开发能够产生最高利润的地带以供剥削，从而变得更加富裕。然而，放宽劳动力市场管制，使得穷人无法跟上剥削的步伐，更不用说阻止或延缓资本拥有者（在股票交易市场上，则被称为"投资者"）游走的脚步，从而使得他们更加贫穷。除了对收入水平的破坏，他们就业及挣取生存工资的机会都暴露在逐利资本反复无常的变化之下。如期而至的竞争使得他们长期处于不确定中，造成了他们精神上敏感而不安、长期忧虑，以及持续痛苦——即便在短暂的相对安全期，这一祸害也从不离开，不停地折磨他们。

"放松管制政策"造成的地方性分化效果属于最严密保护的政府机密。但在为刺激公众消费而编撰的剧本中，放宽管制却被说成是通往全体幸福的康庄大道。而衡量着整个国家"总财富"的表面升降，定位一个国家福利水平的GNP统计数字却一点也反映不出财富是如何分配的。他们没有将真相公之于众，相反将之隐瞒起来。尤其重要的是，这些统计数字试图掩盖如下事实：**社会不平等随着"总财富"的增长而不断加剧**，社会金字塔顶端与底层之间的生存安全、总体福利等方面早已不可跨越的鸿沟在进一步加深。而且值得提醒的是，整个金字塔的塔尖一年比一年缩小，而剩下的部分往下一直到底部，都在不断扩大……

事实上，2007年信贷危机发生以来，美国国内生产总值增长的部分中超过90%被最富有的1%的美国人挪为己有。根据茱莉亚·科勒维（Julia Kollewe）最近的计算，鸿沟仍在扩大，瓜分经济增长大餐的亿万富豪狮群其规模在不停缩减,这一切似乎势不可当,而且还在稳步加速!世界上最富有的10个人迄今为止累积了2.7万亿美元的财富,与世界第五经济体法国的经济总量相当[1]。其中之一,Inditex集团创始人,拥有1600家Zara服饰门店的阿曼西奥·奥尔特加(Amancio Ortega),其财富在2011年10月后的12个月内增加了180亿美元,相当于每天增加6600万美元。根据英国高收入委员会(High Pay Commission in Britain)认可的权威数字,在过去30年内,英国高管的收入增长到了40倍,而全国平均工资仅增长了两倍,停留在25900英镑的水平。委员会的主席黛布拉·哈格瑞夫(Deborah Hargreaves)认为:"英国商界的顶层存在着一种危机,它已深深地伤害整个经济。如果高级经理的收入是关起门来制定的,不仅不反映公司成绩,还给如此严重的社会不平等火上浇油,这表示我们的社会顶层

---

[1] See Julia Kollewe, 'Meet the world's 10 richest billionaires', *Guardian*, 9 Nov. 2012.

已成为一种问题。"对社会中99.9%的人来说,他们正"处于空前紧缩的时期",而这0.1%的人财富却在快速增长,这无疑是雪上加霜。

上述比较还只是限定在某一个国家内部,从全球视角来看社会不平等,按照杜伊斯堡-埃森大学(Duisburg-Essen University)的安雅·韦斯(Anja Weiss)教授对未来趋势的梳理和推断,前景即便不会更加昏暗、更令人气恼,也会和现在一样糟糕:"如果事情仍像现在,没有任何激励和机会推动改变,未来的全球不平等状况将更令人震惊……最有可能的情况是,不平等将持续存在,民族国家体系仍会不断使之合法化。"[1]

整体情况值得怀疑的空间即便还有,也已经很小了:照目前的情况,经济增长(如国民生产总值所描述的,以及不断增长的货币转手金额所

---

[1] Anja Weiss, 'The future of global inequality', in Michael Heinlein, Cordula Kropp, Judith Neumer, Angelika Poferl and Regina Römhild (eds), *Futures of Modernity* (Transcript, 2012), pp. 145, 150.

刻画的）对我们多数人而言并不预示着更好未来的到来，而是预示着，本就已经规模庞大且快速增长的人口数量，将面临更为深刻和严峻的社会不平等，更不确定的境地，从而也会陷入更加堕落、委屈、侮辱、羞耻的境地，为争取在社会上生存而更艰苦地挣扎。在财富与收入阶梯上，那些最接近富人的群体都未能从富人的进一步富裕中通过"涓滴效应"受益，更不用说那些处于阶梯底部的人；这个向上流动的"天梯"臭名昭著、越来越虚幻，逐渐变成一堆无法渗透、不可超越的栅栏与障碍。**"经济增长"仅仅意味着少数人的富裕程度在上升，对于其他不可计数的大多数人而言，则是社会地位与自尊的急剧下降。**"经济增长"不仅没有通过检验，成为普遍存在的、突出的、悲惨的社会问题的万能解药，相反，我们共同的、日益病态的经历表明，它更像是导致这些问题不断持续和积累的主要原因。

然而，根据臭名昭著的"涓滴效应"理论，大公司"执行官"们不断攫取走的巨额收入、分红与津贴经常被证明是正当合理的。该理论认为，像史蒂夫·乔布斯（Steve Jobs）和理查德·布兰森（Richard Branson）这样的企业家能创造出成功的公司，从而有更多的工作岗位；而这些旷世天才非常罕见，大公司的董事会应该给这些顶级人才最高的工资，好让他们更好地为国家服务（当然，最重要的也是首要的任务是为股东服务）；否则，这些"财富创造者"就会把他们的才能转移到其他地方，进而损害所有可能从公司的优秀业绩中受益的人的利益（意思是说，从税收上讲，大家都得利）。史蒂夫·乔布斯和理查德·布兰森这样的人物确实超凡出众且稀少，然而这并不能说明这些在大公司神秘圈子中的大佬就该期待巨额年薪，不论公司在他们的领导下是屡战屡胜，还是走向灾难。"涓滴效应"理论一旦出场，这些响当当的人名就会蹦出来，像披遮羞布一样保护着精英巨富们用以维护自身利益的不成文制度，他们建起这些未明言的规矩，使得自己的收入不再受绩效好坏的影响。

从最现实的意愿和目的来看，这些政策不仅没有激发、强化或保证公共财富的增加，还将津贴割让给了富人们，不管他们是不是真的能够给理应效劳的大众带来好处。这些政策的真实目的是**保护特权**，而非利用特权为公众服务。其后果就是，获得最高收入的一小群人，可以免受因自身胡作非为给其他人带来灾难的任何影响，哪怕正是他们将众人推向了变幻莫测的命运。这里的关键，不是财富的**生产**而是**分配**；更具体地说，是CEO们独享与业绩质量相脱离的高报酬，而业绩本应配得上报酬才行。如果CEO们在股票交易赌局中失算，那些本应保住工作的人就会被裁员，失去生计，得不到基本生活工资。但CEO却可以愉快地期待他被合约保护着的"离职金"。维基百科是这样描述的：

> "离职金"是大公司提供给少数高层管理人员的高达百万美元的离职费用。这是为了补偿职业经理人接受新工作时

所面临的风险,因为高级职业经理人被解雇的风险很高,而让一个外人担任如此高职位的公司很可能处于某种窘迫的财务境地。离职金的作用已引起一些投资者的怀疑,因为这笔钱是职业经理人无论表现好坏都能够得到的。在一些著名的案例中,经理人最终倒是兑现了股票期权,但在他们的管理之下,公司却损失了数百万美元,数千名员工被解雇。大额离职金给高级经理人提供了一个反向激励,他们有可能做低股价以使所经营的公司被贱卖。

下面是随机选择的最近发生的几个例子,都是很常见的操作手法:

在离开公司时,富有的高管往往能获得价值高昂的离职金。很多情况下,不管公司财务目标是否达成或盈利与否,这些离职金都需要兑现……例如沃尔特·迪士尼公司（Walt Disney Co.）的前总裁迈克尔·奥维茨（Michael Ovitz）就得到了高达1.4亿美元的离职金，这相当于迪士尼年度利润的10%。美泰集团的首席执行官吉尔·巴拉德（Jill Barad）得到了4000万美元。而她之所以被辞退是因为公司的股价下跌超过50%。[1]

根据昨天发布的消息，伊恩·布莱尔爵士（Sir Ian Blair）从伦敦警察局（Scotland Yard）总监职位离职后将获得约100万英镑的惊人补偿。伦敦警察局总监因其糟糕的执政表现获得了一份29.5万英镑的离职金，这是原计划为期5年的合约应付薪酬的剩余部分。他如果继续担

---

[1] 'Executive compensation: how much is too much?', 11 Apr. 2008, at http://www.investopedia.com/articles/fundamental-analysis/08/ executive-compensation.asp#ixzz2Gq2vs9ud (accessed Jan. 2013).

任总监职位到2010年2月，可得到价值10万英镑的额外津贴及律师费用。在此之上，伊恩爵士还将获得一笔总额达67.2万英镑的养老金和每年12.6万英镑的物价指数关联退休金。这一协议被某议员描述成"荒谬"的，另一个议员则认为其相当"可笑"。伊恩任职的3年半的时间里不断被人质疑其判断能力、领导资格以及政治正确优先的管理风格。上个月，他给自己的好友提供警察合同的腐败丑闻爆发几个小时内，他就被赶出了办公室。[1]

需要补充的是，与许多有影响的经济学家，包括1995年诺贝尔经济学奖得主罗伯特·卢卡斯

---

[1] Stephen Wright, 'Outrage over "absurd" golden handshake for ousted Yard boss Sir Ian Blair', MailOnline, 21 Dec. 2012, at http://www.dailymail.co.uk/news/article-1084452/Outrage-absurd-golden-handshake-ousted-Yard-boss-Sir-Ian-Blair.html#ixzz2Innx7xwd (accessed Jan. 2013).

(Robert Lucas，在2003年，也就是银行和贷款引导的经济大崩溃前几年，他宣布放宽对金融资本市场的管制是"预防萧条这一核心问题"的"实用性解决方案")所做的保证相反，那些富人获得的超高收入，并未再投资到"实体经济"中，而只在那些对服务实体经济没有兴趣也不关心的极富者小圈子内进行着名义上的数字再分配而已。用斯图尔特·兰西的话说：

> 现代经济学预言纯市场运作能给整体经济带来好处。然而，不当的激励使得银行向全球经济注入了失控的信贷供给。这养富了一代金融从业者，但代价却是，一味扩大金融业务会阻碍"实体经济"的发展……大量的资金涌入收购交易、私募股权、地产和各种形式的投机活动，以及金融与工业工程，造成财富的累积主要依靠财富转移来实现，而

非创造新财富、新商业、新工作。[1]

总而言之,结论只有一个:"放宽管制和(金融与信贷提供机构的)股份化给金融业顶层的从业者再次提供了轻松赚钱的美差,带来更高的报酬、佣金及红利。"[2]——同时,进一步榨干了数以百万计的"信贷受益人"本就贫乏的资产,因为他们生活、工作在实体经济中,对未来的生活愿景完全取决于其繁荣或衰败。

不断增长的消费

2011年5月21日,乔纳森·弗兰岑(Jonathan Franzen)在凯尼恩学院(Kenyon College)的毕业典礼致辞中讲道:"技术的最终目标,是将这

---

1 Lansley, *The Cost of Inequality*, p. 141.
2 Ibid., p. 149.

个有悖于我们期待的自然的世界——一个飓风横行、充满艰辛与令人心碎的世界,一个充满拒绝的世界——更换成一个能迅速回应我们愿望的世界,就像完全是自我的延展一样。"那是一个十分舒服、方便、无须大动脑筋的世界。不用费一点气力就能过得十分舒适,可以安逸地过上无须努力的生活。因此讲演指出,要让这个世界臣服于我们的贪念和幻想,让这个世界上所有顽固地横亘在意愿与现实之间的障碍全部被清除。因为我们所谓的"现实"就是指对抗人类意志的东西,因此,正确的做法就是终结现实。让我们一起生活在一个只有需求和愿望的世界,你的、我的、我们的——作为技术的购买者、消费者、使用者和受益者——的需要和愿望。

有一个愿望是我们每个人都有的,十分强烈,无比热切,那就是对爱与被爱的渴望。

弗兰岑接着讲道:

> 就像市场能发现消费者最急迫的需

求那样,我们的技术也已经变得非常熟练,能创造出产品以满足我们对情爱关系的奇妙幻想。在其中,爱的对象付出一切而不求任何回报,让我们感觉一切尽在掌控之中。而且当它被更加性感的东西替代,被塞进抽屉里时,也不会向我们甩脸色。

也许,我还可以再补充一下,哪怕是把它们丢进垃圾桶或者深不见底的垃圾填埋坑中也没有关系。市场化的科技产品,诸如各种靠语言指令就能启动,两根手指轻轻一划就可以让图片不断放大的电子产品,日益具备了我们曾经努力但却很少能得到的梦想之物的所有功能——并且还附加了一种可贵的品性,那就是一旦不喜欢就立即消失,一被踢走便永不回来。电子产品不仅仅服务于爱,而且根据其设计,它们可以提供一种其他心爱之物鲜会接受的服务方式。电子产品堪称最佳爱人,它们树立了从恋爱状态进退的标准和模式,它们不会被其他情敌放在心上,无论这情敌是电子的还是肉体的,无生命的还是有生命的,唯一的风险是产品不合格或销售不出去。

但不同于电子产品,一个人对另一个人的爱意味着承诺、风险、担当,随时准备做出自我牺牲;意味着选择一条不确定的、难以预先拟定的、曲折的、崎岖不平的道路,希望,同时也下决心,与另一个人分享此生。爱有可能与平静的幸福相生相随,但却很难与舒适、方便相伴。永远不要期待后者,更别说确信它会出现……相反,它要求我们将自己的技能和意志伸张到极致,即使这样预示着可能会失败,暴露自己的不足,伤害尊严。这些被消毒了的、平稳的、无刺的、没有风险的电子产品绝不会是爱:它们所提供的是一种不被"污染"的保障,但正如弗兰岑总结的那样:"爱必让我们胆战心惊,自我失防。"说到底,这种电子产品式的爱,与爱没有任何关系;这些消费产品通过技术满足用户的自恋而抓住用户。它们承诺给我们积极的反馈,无论发生了什么,我们做了什么又或是拒绝了什么。就像弗兰岑指出的:"我们在自己的电影里扮演主角,我们不停地给自己拍照,点击鼠标,然后有一台机器帮我们确认自己的掌控感……如果想和一个人结交朋友,只需将他放进我们挂满谄媚镜的私人礼堂就可以。"可是他补充道:"努力变得很可爱,与获得爱情是两码事。"

爱是(号称是)自恋的解药,是戳穿谎言的首要利器。而我们常用谎言来支撑我们的自尊,并竭力躲避实际行动对它们的检验。这种电子化的被消毒、被粉饰的仿造之爱提供了对自尊的保护,使之免遭风险,这些风险正是真爱声名狼藉之处。

当下"电子产品大爆炸",越来越"贴心"的产品投入市场并获得惊人利润,它们温顺、服从、始终听话,从不违逆主人的愿望,具备了另一块新发现的、供开发的"处女地"该具有的所有特征(这还是接连不断地发现新"处女地"的秘方)。消费市场因此征服了另一个人类关心、担忧、渴望、挣扎的领域——此前主要由草根发明家、乡村小作坊、家庭作坊占据，因而无法营利的这一领域被商品化和商业化了；这一领域的活动，就像人类关心的众多其他事物和活动一样，已经变成了购物狂欢，被挪到大型购物商场。但我要重复一句：不同于它狡诈的宣传，这一最近被开放以供开发的消费者市场领域不是有关爱的，而是针对自恋的。

不仅如此，同样的信息日复一日地从屏幕和扩音器中传递出来，铺天盖地，延绵不绝。有时候这些信息直白赤裸，有时候则被巧妙地包装起来。但每一次，不管是针对我们的认知官能、情绪，还是潜意识中的欲望，它们都承诺、推荐或者暗示通过获得、占有、享用这些商业货品就能获得快乐（或者说是一种愉悦的感受，欢乐或狂喜的时刻：一大堆可以终身受用的幸福，一点一滴地分配和传送过来，每次只花一点点钱就可以）。

传递的信息再清晰不过了：**购物才是通往幸**

福的道路；一个国家总的购买活动才是社会幸福最主要且最可靠的衡量标准，而每个人占有这些购买活动的分量是其幸福的最重要、最可靠的衡量标准。在商店里，总能买到对付任何烦恼和麻烦的可靠解药，以对付所有大大小小的麻烦和不快——它们阻碍了我们实现惬意、舒服和不断满足的生活方式。不管宣传、展示和售卖的是什么，商店都已成为大药房，专治各种真实存在的或想象中的生活麻烦，包括已经遭受过的以及恐怕会出现的麻烦。

这一信息的发送对象是不加选择的：不仅针对社会上层的人，也针对社会底层的人。它被认为是普遍有效的——对每一个生活场景和每一个人都有效。实践中，它将人分成两种：真正的、完全成熟的消费者（当然，这些人内部也会根据不同质量分出不同级别）和失败的消费者，后者由于各种原因，但首先和最主要的原因是缺乏足够的资源，无法过上此类信息激起和煽动人们想要达到的那种生活。信息不停地发送，强制性地让人们理解它，最终将自身重新打造成一种毫无问题、毫无例外的强制性命令。第一群人对自己的努力很满意，并倾向于认为他们在消费者榜单上的高分是对自己与生俱来或经过艰苦努力才获得的优势的一种正确且适当的回馈。因为他们掌握了追求幸福的复杂处方。而第二群人则因为被置于一个低等生命的位置而感到屈辱：处于榜单的末尾，面临降级或已被降级。他们对自己的不佳表现及其背后的原因感到羞愧：天资缺乏或者不够勤奋和坚持，所有这些不足现在都被重塑成可耻的、有损人格的、不体面的和不合格的，即便它们被认为是（或者正因为被认为是）可以避免和弥补的罪恶。竞争的失败者反倒被公开指责带来了社会不平等；更重要的是，他们自己也倾向于同意大众的裁决，开始责怪自己，从而丢失自尊与自信。伤害之上再加上羞辱，受尽苦难之后再被摈弃，就像在伤口上撒盐！

对那些"自作自受"的社会底层的谴责已经发展到了这种地步，即哪怕弱势群体悄悄地抱怨一句都会遭到指责,更不用说他们对导致此类不平等、不公正现象进行反抗的话会招致什么,而那些在他们之上的人若是施以同情与怜悯也同样会遭受指责。对这样的事态以及导致其延续的生活模式所持的异议,已经不再被看作对那些已经失去或被盗走(即便表面上看不可侵犯)的人权的正当维护,这些人权应得到尊重,其原则应得到承认和平等对待,相反,引用尼采的话来说,这"比一切恶行都更有害……这份对笨蛋和弱者的同情"[1],因为,对他们或类似者的"放纵与包容"[2]是"最危险的"。

此种人为的公众信念被当作维持社会不平等的高效盾牌,使之不受任何真正能遏止其浪潮、阻止或减轻其漫延的力量的影响,因为这种力量要有广泛的社会支持才行。但是,它们无法阻止

---

1 Friedrich Nietzsche, *The Antichrist*, trans. Anthony M. Ludovici (Prometheus Books, 2000), p. 4.
2 Friedrich Nietzsche, *Thus Spoke Zarathustra*, trans. R. J. Hollingdale (Penguin Classics, 2003), p. 204.

愤怒和怨恨在那些每天都目睹"令人艳羡"的生活的人群中积累,这种被认为幸福的生活本来是供当前及未来的每个消费者享用的,而人们却日复一日地被排斥、阻挡于"盛宴"之外。积聚的愤怒偶尔会爆发,以短暂的破坏性狂欢形式 [就像数年前托特纳姆(Tottenham)骚乱中失败、不成功的消费者那样]。不过,穷人们却仍表达出对进入消费王国的热切渴望,哪怕只有转瞬即逝的短暂时光,而非对消费主义社会基本信条产生质疑和挑战。这些信条包括:追求幸福等同于购物,幸福应该到商店货架上找,而且就在货架上等着。

一旦连受害者都赞成这种信条,那么它便等于完全确立了,便会将罪恶归结到社会不平等的受害者身上,让这些饱受羞辱的人永远不能享受到基于另一种社会组织形式的美好生活。分歧破坏着人类整体性的其他诸多方面:可以说,它倾向于"去规则化"和"个体化"。原本可用以追求更大平等性的不公感,现在却重新聚焦于消费主义的大旗,分裂成无数个委屈愤懑的个体,排斥整合与融入，时不时对触目可及的其他个人表示嫉妒与憎恶。愤怒的零星爆发暂时释放了平时被驯服和压抑的负面情感，带来了片刻的缓解，尽管只是让他们在日常生活中对令人不快，甚至憎恨的不公正做出温顺妥协变得好受些。恰如理查德·罗蒂（Richard Rorty）几年前警告的那样："如果媒体创造的虚假事件可以让穷人们从他们的绝望中摆脱出来……超级富豪们就没有什么好担心的。"[1]

正如米格尔·塞万提斯（Miguel Cervantes de Saavedra）在半个世纪前所指出的，所有形式的社会不平等都是从富人和穷人的分化开始的。只是不同的时代人们想要的东西不同：在有些时代，人们会热切地渴望拥有某些东西，而在另一些时代，人们一心巴望着没有某些东西才好。在200年前的欧洲，或者数十年前远离欧洲的很多地方，甚至在今天，一些种族冲突的战场或本土

---

[1] See Richard Rorty, *Achieving Our Country* (Harvard University Press, 1998), p. 88.

救世主的"游乐场",贫富冲突的主要争夺物品,曾是或仍是面包和大米,这些长久地处于供应不足状态。感谢上帝,以及科学、技术和(或)某些合理的政治措施,现在情况已有所不同,但并不意味着古老的分化已经消亡殆尽。相反,今天人们渴望并极力避免缺乏之物的种类繁多,它们的数量与引诱人们去占有的诱惑都在与日俱增。由于无法占有它们而引发的愤怒、屈辱、恶意及宿怨也在增长,一起增长的还有毁灭这些无法占有之物的冲动。抢劫和纵火焚烧商场的行为也就由同样的原因滋长起来,并满足了同样的渴望。

现在我们都是消费者了,消费者是我们的第一身份,也是最主要的身份,我们既拥有消费者的权利,也担负其相关义务。"9·11"事件发生后的第一天,乔治·W. 布什在号召美国民众抚平创伤、恢复正常时,找不到比"回到商场购物吧"更好的宣传语了。购物活动的水平与抛弃一个消费对象以换成另一个"崭新且升级的"对象时的舒适感,成为衡量我们的社会地位以及在争取人生成功的竞赛中得分高低的主要指标。在远离麻烦和追求满足的道路上遇到的所有问题,我们都会试图从商店里找到解决办法。从摇篮到坟墓,我们被训教得要将商场看作药店,里面塞满了可以治疗或至少可以舒缓我们在生活中所有病痛的灵药。由此,商场与购物获得了一种完整而真实的极乐世界属性。正如乔治·瑞泽尔(George Ritzer)的著名论断"超市就是我们的神庙";我想补充的是,购物清单就像是我们的祈祷文书,逛商场是我们的朝圣之举。冲动购物和扔掉那些失去吸引力的东西,以便给更喜欢之物腾地儿,这两件事能够激起我们最炽烈的热情。充分的消费者享受,意味着完美的人生。我买,故我在(I shop, therefore I am)。买还是不买已不再是问题。

不合格的消费者没有升级版的更好之物,"买不起"是其无法得到满足的人生的既刺耳又恶心的恶名,是其无足轻重和一无是处的标志。不仅毫无人生快乐,甚至毫无个人尊严。更确切地说,人生已无意义。甚至从终极意义上讲，缺乏人性以及其他任何获得自尊和他人尊重的基础。

对（消费者教会）会众中的合法成员而言，超市就是做礼拜的教堂和朝圣仪式的目的地。而对于那些被诅咒，生来就不完美，进而被消费者教会拒之门外的人来说，它们是敌人的前哨阵地，被挑衅地安置在他们的流放之所。这里的堡垒防守森严，保护着里面的物品不被人获取，正是这些物品使得一些人的命运区别于另一些人：正如乔治·W. 布什应该会同意的那样，它们阻断了回归（对于那些从未坐上过教会长凳的孩子来说是"获得"）"常态"的通路。铁栅栏与百叶窗、中央监控摄像头、入口处统一着装的保安以及潜伏在内的其他便衣人员，这些都加剧了战场的氛围以及持续的敌意。这些全面武装、严密监控的堡垒日复一日地提醒着当地居民的堕落、低劣、悲惨与可耻。它们如此傲慢、自大而不可接近，充满了挑衅意味，似乎在叫嚣着：我敢碾压你们，你又敢怎样？

对上述最后一个问题的最常见、最能直击人心的答案是,"高人一等"。也就是说,在社会地位不平等的竞赛中胜过或超过隔壁邻居或同事。高人一等本身就假定了不平等。社会不平等是"高人一等"天然的栖息之所和生养之地,同时也是它的结晶和产物。高人一等的游戏意味着,修复迄今为止不平等所造成的伤害的方式是进一步的不平等。它的魅力在于,它承诺将参与者之间的不平等由祸害转变为资产;或者说将全社会共同遭遇的不平等的伤害转变为个体独自享受的资产——通过其他人的失败程度来衡量自己的成功,通过落后者的人数来测量个人成就,总而言之,通过他人贬损的程度来衡量个人价值。

数月之前,弗朗索瓦·弗拉奥(François Flahault)出版了一本关于公共利益及其现实基础的思想著作[1]。迄今为止,对人际关系和人际交换中或明或暗的微妙之处进行不懈探索和阐释的人

---

[1] François Flahault, *Où est passé le bien commun*? (Mille et Une Nuits, 2011).

已经与持"个人主义和功利主义"观念的人斗争多时:众多西方社会科学都明确或变相假定**个人优先于社会**,因此,对社会——这一人类共处形成的事实——的解释依赖于人类个体的固有属性。弗拉奥是相反观点的最坚定、执着的推动者之一,这种观点认为:**社会优先于个人**,因此,个体的思想和行为,包括个人主义的行为以及所谓的"成为个人"都是由人生活在社会中这一基本事实派生而来。在这本专门讨论"公共利益"的著作里,他系统整理了萦绕其终生研究的各种思想脉络,是其迄今为止所有研究工作的总结和桂冠之作。

这项新研究关注的是我们当前面对的严重"个体化的"社会形态,它试图传达的主要思想是,人权理念已被用来替换和淘汰"好政治"(good politics)的概念。实事求是地讲,"好政治"的理念必须建立在**公共**利益思想基础上。人类的生存与共处形成的社会生活是我们的共同利益,正是基于这些也幸亏有了这些,才衍生出了文化产品与社会产物。正因为如此,对快乐的追求应该聚焦于经验、制度以及其他**共同生活中文化与自然现状**的提升,而不能局限于财富指标的比拼,因为这会将人类生活的共同体重塑为个体竞争、对抗、内斗的场所。

塞尔日·奥迪耶(Serge Audier)在弗拉奥所作之书的评论文章[1]中指出,塞尔日·拉图什(Serge Latouche)或蔚五海(Patrick Viveret)的欢宴(conviviality)模式[2]与弗拉奥主张的观点相近,是一种历史悠久的、不同于当今个人主义的选择。但这种选择多数时候都被置于极少被人涉及的公共讨论边缘。在1825年出版的《口味生理学》(*Physiology of Taste*)一书中,布里亚-萨瓦林(Brillat-Savarin)就已经认为,"美食""同食共饮"的快乐,紧紧围坐在餐桌前的欢笑,分享

---

1 *Le Monde*, 4 Mar. 2011.
2 See Alain Caillé, Marc Humbert, Serge Latouche and Patrick Viveret, *De la convivialité. Dialogues sur la société conviviale à venir* (La Découverte, 2011).

食物、酒水、笑话、欢乐的乐趣是社会的重要纽带。上述宴乐主张,以及从官僚主义和科技束缚中解放出来的凝聚力(togetherness)的意义,在伊万·伊利奇(Ivan Illich)的著作中被提出、提炼,并完全成型。这位出生在奥地利的哲学家、罗马天主教神父、尖锐的社会批评家,《宴乐的工具》(*Tools for Conviviality*,1973)的作者,始终反对由"职业精英"发动的被他称为"生存之战"的东西。不过,还应该补充的是,这些欢宴模式吸引人的地方与隐藏的商业机会早已被消费市场发现,并贪婪地拥抱;如同众多其他的社会或道德冲动一样,它们也已被商品化,并照例被印上品牌标签。它们也进入了GNP统计数字——在交易数字中的占比稳步上升,不可阻挡……

虽然还没有实践中令人信服的答案,但我们所关注的重点是宴聚的乐趣,能否取代人们对于富裕的追逐、对市场中消费品的享受以及所带来的优越感——所有这些已与经济无限增长的观点相结合,成为被普遍认可的快乐人生的秘方。简单地说，我们对欢宴乐趣的渴望，无论它是多么"自然"、"具有地方特色"和"自发"，能在当下盛行的社会模式中实现吗？能绕开市场这个中介且最终不掉入功利主义的陷阱吗？

对此，一些尝试正在进行。一个例子就是"慢食"（Slow Food）国际运动，由卡洛·彼得里尼（Carlo Petrini）于1986年在意大利发起，目前快成为一种全球运动。慢食，作为速食的替代品得以推广，致力于保护传统和地方的美食并且鼓励种植和养殖各地生态系统特有的植物、种子或牲畜。这一运动已在全球范围展开，在150个国家中有超过10万名成员。在追求可持续食物以及保护地方小企业这一目标上，它与反对农业产品全球化的政治议程相辅相成。它潜在的目标和具有启发性的观点是，在人们追求共同目标的过程中，复活和重新发现几乎已经被遗忘的欢乐、团结合作的乐趣，以替代从胜人一筹和无意义的竞争中获得的残酷的快乐。从维基百科我们可以了解到，目前有1300个传统食物热爱者分会，其中在意大利有360个被称为"孔多特"(condotte)的分会，拥有35000名成员。这一运动是分散化的：每个传统食物热爱者分会都有一位领导者，他负责通过举办品味工作坊、葡萄酒品尝和农夫市集之类的地方活动，推动当地技工、农民和地方风味的发展。瑞士（1995）、德国（1998）、美国纽约（2000）、法国（2003）、日本（2005）以及最近英国和智利都出现了这样的慢食组织。

慢食运动（顺带说一句，1999年又出现了意义和目的同慢食运动很相似的"慢城市运动倡议"，已扩展到14个国家）只是一个例子，一个不确定的初级实验，规模还很小——我们试着做些什么，去防止社会性灾难降临在这个被消费主义狂热控制，且消费市场作为帮凶已经收割人类对幸福的欲望的星球。如若不努力减缓或停止某些行为，任其"一切如旧"，这种社会灾难就势必降临。如果真是后一种境况，意味着有如哈拉尔德·韦尔策尔（Harald Welzer）最近在对气候变化的社会后果的深入研究中警告的那样，持续的气候变化很大程度上不可避免,"代际间和国家间的不对称、不平等和不公正"会加剧;而气候变化在很大程度上又是我们增加消费以追求幸福的集体决定所导致的[1]。关键在于,"全球资本主义世界"明显很不适合去执行这类预防大灾难所必需的"长远目标",更不必说把这些目标进行到底。可以起作用的,只能是对我们的生活方式以及引导这一方式的价值观进行彻底的反思和修正。正如韦尔泽尔写道:

> 需要做的,尤其是在危机时期,是将那些过去从未想到过的愿景或主意发展起来。它们可能听起来很幼稚,但其实并非如此。况且,还有什么能比在一辆即将导致大灾难的火车内部的人企图通过反方向跑动来改变火车的速度和路

---

[1] See Harald Welzer, *Climate Wars: What People Will Be Killed For in the 21st Century*, trans. Patrick Camiller (Polity, 2012), pp. 174ff.

线更天真呢？正如阿尔伯特·爱因斯坦所说，问题不能用最初导致它们的思维模式来解决。改变路线是必要的，因此，火车必须先停下来。

他还写道：

> 个人应对气候变化的策略主要具有镇静作用。国际政策层次仅对在遥远未来的变化提供一个前景，而文化行动则被留在中间层次，即个体自身交往圈的层次，以及人们想要在未来如何生活的民主问题……重点将放在那些不无奈地放弃物质享受——少开汽车，多乘电车，而是在文化上为他们认为好的改变做出贡献的公民身上。

那么，(如果)危机来临，不要说没有人警告过你。对于你、我和其他人来说，最好的选择是，在这一危机尚在人类联合能力还能应付的范围内，阻止它成为现实……

社会不平等的"自然性"

我们所受的教育令我们相信，通过倾心培养和刺激、支持和奖励少数人的能力可以最好地促进多数人的福祉。我们相信，能力天生就分配不公。因此有些人可以轻易取得其他人无论怎样努力都达不到的成就。天赋异禀的人寥寥可数，但是没有能力或者能力一般的人却很多。事实上，作为人类，大多数人都属于后一类。这就是我们被不断告知的，社会地位和特权的分层结构像一个金字塔：要达到的级别越高，人们向上爬的通道就越窄。

这些信念很让那些处于分层结构顶端的人欢喜，因为它们能安抚这些人在良心上的不安，驱使他们进一步上升。对于所有处于较低层级的人来说,这些信念也是好消息,因为它们可以作为减少挫败感和自我责备的理由。对于那些不遵循上天指示,追求比自己能力所允许的极限更高目标的人来说,这些信念也传递了一个效果良好的警告。总而言之,这些信息减轻了我们因向失败投降、屈服而产生的痛苦,从而促使我们接受这种怪诞的、不断膨胀的、每个人都深陷其中的不平等,同时降低了异议和抵抗的概率。归结来说,它们助长了社会不平等的持续存在并有增无减。正如丹尼尔·多林指出的:

> 富裕国家中的社会不平等依然存在是因为人们对不公正原则的坚信。当意识到我们生活的社会中许多意识形态结构可能存在一些问题的时候,人们会感到震惊。正如那些曾经拥有过奴隶种植园的家庭,在奴隶制度时期认为这种所有权是合理合法的;不允许妇女有表决

权曾经也被描绘成"天然的方式"。我们这个时代中太多的不公正也是一样，被人们理所应当地接受，且视为常态的一部分。[1]

巴林顿·穆尔（Barrington Moore Jr）在他对不平等的普遍反应的基础研究《不公：服从与抗争的社会基础》(*Injustice: The Social Bases of Obedience and Revolt*)中认为，"公正"和"不公"这两个对立概念中，不太引人注意的第二个概念是主要的，因为它的对立面——公正的概念，往往是参考它而被定义的。[2]在任何特定的社会环境中，公正的标准被提及、暗示甚至决定，总是在最令人讨厌、最痛苦、最气愤的不公正形式出现之时，因为此刻最希望克服和消除不公正。简而言之，否定不公正的**具体案例**就被理解为公正。

---

1 Dorling, *Injustice*, p. 13.
2 Barrington Moore, Jr, *Injustice: The Social Bases of Obedience and Revolt* (Random House, 1978).

他同样认为,无论经历过多么严酷、压迫和令人不快的不公正的生存环境,只要经历和忍受的时间足够长,人们就很少会认为这是不公正的,甚至认为是"正常""合理"的生活;从来没有见到过同类人有更好的生活环境,或者对那些较好环境的记忆越来越模糊,人们没有现实的例子来比照自己当前的困境,所以也没有理由(没有理由或没有现实的机会)进行反抗。然而,就像压倒骆驼的最后一根细小的稻草,一种新的需求,无论多么无足轻重,比方说是生活条件一丁点的恶化,瞬间就可以成为引发反抗的导火索。

例如,中世纪的农民对自己和地主之间生活条件的巨大的不平等习以为常。对于地主需要的农奴服务和劳役,他们也会照常提供,无论当前的工作是繁重还是轻松。可一旦地主提出了任何新要求或给他们增加了任何新压力,哪怕只有一点点,都能引发农民为捍卫自己的"惯有权利"而进行反抗。再比如,现代工厂中加入工会的工人们,当看到同行业中有着相同技术的工人们在其他工厂中增加了薪水而自己的薪水没有增长时,或者那些技术含量比自己低的群体的薪水被提到跟自己一样时,他们也常常通过罢工的方式来反抗。在这两种情况下,他们试图反对和抗争的"不公",正是在他们认为是"正常"和"合理"的地位阶梯上发生了一些不利的变化,一种**相对**剥夺的情形。

因此,会引发积极抵抗的"不公正"的认知源自**比较**:将当前困境与之前的经过足够长时间而成为"常态"的境况做比较,或者将自身阶层与那些"天然一样"或"天然更低"的阶层做比较。对于在大部分时间中的多数人而言,"不公正"意味着一种对"天然"(或者说惯常)的背离。"天然的"既不是公正的也不是不公的——简单来说,它代表一种"事物的秩序""事情本该如此"以及理应是这样的,如此等等。防止事物对"天然"的背离,说到底意味着对熟悉秩序的保护。

这种情形至少出现在巴林顿·穆尔过去的调

查以及那些关于"相对剥夺"现象的研究中。尽管今天,不论是"像我们这样的人"还是我们自己过去的生活状况或标准,都不再是比较的"天然"参照了。所有形式的生活,"高的"和"低的",如今都公开展示在每一个人的视线中,如此鲜明,诱惑人心,甚至是具有欺骗性,似乎每个人都唾手可得,或者至少不拒绝任何人。任何形式的生活,不论空间或时间上的距离远近,也不论多么稀奇古怪,原则上都可能被选作自己生活的参照和进行评估的标尺。更重要的是,纪录片、文献片、漫谈专栏以及商业广告习惯不区分其受众,而是不分地域地将信息传递到一个开放空间中去寻找各自的着陆点和接收目标,人权思想虽然在理论上不总如此,但在实践中也有这种习惯。不过,人权思想拒不承认,更不用说接受和赞同已经呈现的和预期要发生的阶层差异。因此,就所有现实意图和目标而言,标识并精确定位"不公正"的不平等变得更无监管。从更依赖主观判断这一点来讲,它很大程度上"个体化"了。

个体化决策确实会偶有重叠或一致的时候,这仅作为公共讨论和个体选择的妥协的结果,而非阶级或群体决定的立场。民意调查显示了共识程度以及赞同阵营的社会构成情况,而这些民意调查假定了(不论是对的或是反事实的)应答者的自主性以及他们选择的独立性;一些人试图总结说,民意调查者公布的数据是主要的,甚至是唯一可以将纷繁散乱的民意凝结成涂尔干意义上的"社会事实"的方式。举例来说,民意测验发现,英国高收入委员会将历时一年的调查结果公布之后,4/5的被访民众认为高级经理人的工资和奖金已经失去控制,而2/3的民众认为企业对工资和奖金的设置是不负责任的。这两个统计数据中多数人显然都认为高级经理人工资和奖金过高,这是不公正而且肯定是"不天然的"。尽管他们似乎同时也认可了这种异常状况的"天然性"……除了在统计学意义上,没有任何统计数据上的归类群体,在现实中反对这种"不天然的"

过分不平等时显示出联合起来的迹象。尽管,过去30年英国高级职业经理人的平均薪资增长到了40倍,这一现象已被解释为与英国本土"自然增长的人才"的数量和能力相一致,而这种观点显然让我们当中哪怕最轻信的人的信念都受到了挑战。

我们此前已经看到,几个世纪以来,这种作为个体的人在天资、能力以及才干等方面天然不平等的理念,已经成为促使大众平静地接受社会不平等的现实的最有力的因素之一。同时,它也给不平等的拓展提供了一种适度有效的制动器——提供了一个基准,以指明并度量那种"非天然"(或者说过分),因而我们需要修正不公正维度的不平等。有时,在社会("福利")国家的全盛时期,它甚至可以拉近一些社会阶层中顶层与底层之间的距离。然而今天的社会不平等,似乎找到了一种无须修复其"天然性"伪装就可以自我延续的方式。这样做的结果对不平等而言似乎是一种得而非失。的确,它需要去寻找其他说辞做支撑以维护其合法性。但是作为交换，它已经将"天然性"从自己的辩护词中丢弃，并规避了其不可剥离的伙伴，即被指控为过分的以至"非天然"的——或者说至少获得了弱化以及中立化其影响的能力。而作为自我延续能力的补充，它还得到了一种自我标榜和自我强化的能力。现如今只有天空才是不平等增长的极限……

竞争是公正的关键

查尔斯·S. 皮尔士（Charles S. Peirce）是实用主义哲学学派的奠基人和最著名的代表人物之一。他将"事物"定义为我们可以谈论和思考的一切。换句话说，是我们人类，**主体**，有知觉和可以思考的存在，以意识和自我意识武装自己，通过将"事物"变成我们思想和言语的**客体**，而将它们变成了存在（being）。

之后，皮尔士沿着现代哲学公认的开创者笛卡尔照亮的路走了下去。笛卡尔一生致力于寻找可以证明存在的无懈可击的终极证据，他昭示我们，不要被恶意和狡猾的观点迷惑，进而把一些仅仅是纯粹想象出来的事物当作真实存在。笛卡尔仅仅满足于**寻找证据**，但是皮尔士更进一步，通过怀疑和思考如何去除存在，从而获得了证明确实存在的证据。因为没有在怀疑之存在者就不会有怀疑，没有在思考之存在者就不会有思考，所以一个人能够怀疑和思考的经验就是证明一个人他自己确实存在的充要证据。我们人类正是通过怀疑和思考，把我们与周围不能思考的生物区分开来。

用笛卡尔的话来概括，我们，思考的存在，就是主体。其余的存在就是"事物"，我们思考的客体。因此，主体和客体之间、思考的"自我"和自我思考的"它"之间存在着不可跨越的鸿沟：在这组关系中前者是积极的，有创造性的一方，后者则注定是接受主体活动的一方。因为具有"意识",主体有"想法"和"意图"("动机"),并且有"意愿"实现"动机"。而正相反,客体缺乏这些。客体,即"事物",是无生命的、不活跃的、静默的、冷淡的、遵从的、驯服的、逆来顺受的并且永恒存在的。客体直接承受作用。"主体"就是正在行动的她或者他,"客体"就是作用之下的东西。康德(Immanuel Kant)则认为主客关系之中的活跃方完全是主体——主体有他们自身的意义和情况,而事物就是主体观察和处理的对象。罗素则叫这些东西"事实"(源于拉丁语 facere,意思是"完成之物",也可以是"人造之物";"去做",也可以是"去造")。

事物的确是被"做"或者被"造"的,或者更具体地说,它们是被设计、被改变、被产生、被影响、被给予形式、被定义、被授予身份,最终被人类理智灌以意义的,对于它们而言,人类理智是一种完全**外部**的实体或力量。因为事物没有意识,无法去赋予**意义**(to mean),所以它们的意义取决于"主体"——可以思考、计划和行动的存在。主体可以自由地决定客体的意义——并且真这样做了,根据客体是否相关、是否有用、是否重要、是否一致,最重要的是,是否符合主体的意愿,满足其目标。

简而言之,主体与客体之间的差异,**思考之人**(thinking human)和**事物**(thing)之间的差异,无论如何都是不可逾越的。"不可逾越"的概念是指不可改变的对立情形以及主客关系中不可更改的地位不平等,是日常经验中行动意志(power-in-action)的反映,包括优势与从属、命令与服从、行动的自由和屈服的必然……这种对主客体关系的描述十分近似于"权力""规则""控制",也就是事物被定义、被分类、被评估、被对待的方式。这种方式由主体主观认定的各种自身需要决定,并依主体的便利进行调整。人们倾向于概括为:事物天然就是被动的、没有感觉的、不能言语的(不管这些事物在哪里或者在什么时间),就是服务于主体的判断、洞察和固有行动的。只要如此,事物就只能是"物"。它们不是因为自身内在的物质属性而成为"物",而是因为它们相对于主体的关系。正是主体做了投射,正是主体将其客体投射为"物",并且将它们保持在那种状态中,阻止它们逃脱。这种投射,通过否认客体的权利以及判断和选择的能力(表达自己的喜好并要求得到认可的能力)而实现,或者通过剥夺客体的权利或者能力而实现。

照此思路,我们必然会遇到,将事物分为主体和客体这一模式因其片面性而导致的潜在争议,甚至是激烈的争论。而一旦引发争论,很难得到明确的解决。在一些情况下,主/客体分割的呈现方式至多不过是种快照,它记录的通常是持续的权力斗争中非常易变、易逝的阶段和现状。斗争中的每一分钟,主/客分割都只是暂时的和解,它是走入进一步斗争的请帖,维持现状的再谈判的邀约,而非冲突的终极节点。

最突出、引人注意的情况,同时也是在这种充满冲突的形势下人类生存模式最为重要的情况,是移植主体-客体的关系模式，这种模式来自应对无生命客体的经验，它被移植到人际间的关系上或是不同种类（如同亚里士多德的分类中将奴隶归为"会说话的工具"）的人群间的关系上——于是倾向于按照本为"物"制定和保留的模式对待人类。也就是，为那些被假设为缺乏意识、动机和意志，因此也并不需要或要求情感共鸣或同情的先验之物制定的模式。这种有误导性的、不具合法性的、蔑视逻辑和道德的模式转换趋势如今已经被广泛地传播开来。无论如何，在我们流动的现代社会、个体化的消费社会，这种趋势在各方面展示出持续增强的迹象。

事情如此转向的一个巨大的，也可能是主要的责任，源于消费文化显著的进步。这种文化将居住世界的整体视作一个巨大的容器，容器中充满的一切皆是具有潜在消费力的物品。因此该文化验证并且加强了在消费市场的实践中确立起来的标准之下对全球每一个实体的印象、衡量和评价。该标准在顾客和商品，消费者和消费品之间建立了一种完全不对称的关系：前者只期待从后者中获得需要、欲求和渴望的满足，同时后者从其能满足前者需要的程度中获得独特的意义和价值。消费者可将称心的东西从不称心或者无关紧要的、不重要或者无关的客体中自由地分离出来，也能自由决定客体的称心程度，或者以这样那样的方式达到消费者自身需要或主观意图的相关预期，以及决定这些客体能多长时间保持其被假定的称心度或者相关度而不减损。

注定成为消费品的"物"为了消费者而保持其有用性，这是它们的一个且是唯一一个存在的原因——只要它们预期能够带来愉悦的能力仍未削弱，并且不会连片刻都维持不了。一个人不会宣誓忠诚于某件商品——人们在商店中所购买的"物"，当商品所能提供的愉悦或者欢乐被耗尽之后，一个人不会承诺（遑论承担某种责任）仍允许其片刻的生存空间。交付出它所承诺的愉悦和满足是被购买商品的唯一用途。一旦此种愉悦或舒适停止提供或供应，或者其使用者在某些地方发现了能带来更多满足或更高质量满足的机会，它们就会，应该，也通常被抛弃或取代。

这种"顾客－商品（使用权）－有用性"的关系被移植到了人际间的互动中，并且侵入了我们所有人，我们全部成为消费者社会中的消费者，从童年早期贯穿我们的一生。这种入侵要为时下人际间的脆弱联结，人们的相互联系、伙伴关系的流动性承担主要责任；同时人际联结这种脆弱性和易更替性，如今反过来成为萦绕于我们每个人心头的对孤立、遗弃和孤独的恐惧的永恒的源头，且这种恐惧引起了如此多的精神焦虑和不快乐。也难怪，这种无法矫正的主体－客体间不对称关系，一旦被消费者市场在相类似的顾客－商品模式中继承下来并且循环利用，便展现出它极不适合指导或服务于人类的团结和互动的一面。在人类关系中，我们同时或不连续地扮演着主体与客体的角色。不同于顾客－商品模式，人与人的关系是对称的，关系双方同时是主体和客体，而且他们所设想的这两方面不能彼此分离开来。

主体和客体都是积极的能动者,是主动性的源泉和意义的创作者,这种场景设置具有两面性,因为人际关系中的主体和客体一起合著剧本,他们同时是施动者和受动者,在一些相互作用的过程中一起扮演积极的参与者。除非相互交际的双方都同意同时扮演主体和客体的角色并承担随之而来的风险,否则很难相信他们可以建立一段真实彻底的人类关系(指一段需要主体和客体间真实相遇且相互合作的关系)。

风险一直在那儿,挥之不去地存在着,并且因为两个主体之间持续表现出冲突的可能性而制造着永久的紧张:**两个独立的、自我推进的能动者**,从不同的视角审视共同的环境,在追求目标时并没有提前协调,更不要说完全结盟了。因此摩擦在所难免,伴随着令人难受的妥协与痛苦的自我牺牲,两个主体别无选择,只能做好准备接受冗长的,并且常常是棘手麻烦的谈判前景。在形势的发展过程中,没有主体可以声称占有或迫切希望获得对形势的不可分割的主权和绝对控制命令权。这些风险都是人类**友好共处、团结合作**所带来的无与伦比、令人愉快的健康事物的附加代价,它们是无法分割的。同意承担代价就好比"芝麻开门"的魔法密码一样,可以打开宝藏大门。但是,也会有许多人发现,这个代价太过高昂,承担代价本身也是一个让人无法承受的重担,这不足为奇。消费者市场的信息就是传达给这些人的,它承诺消除人际关系中给人带来的不适或不便(实际上,是在建立客户-商品模式后,重塑彼此之间的人际关系)。正是因为这种承诺,我们中许多人发现这个提议的诱人之处,全心全意地拥抱它,自觉自愿地走入陷阱,幸福而不自知地失去权衡利弊的警觉。

由此带来的损失是巨大的,付出的代价是漫长的疲软紧张、晦暗不明和不可控的恐慌——正如生活在陷阱之中意味着保持永久的警觉:嗅探每个陌生人、过路人、邻居和同事的恶意和秘密阴谋的可能性,甚至仅是蛛丝马迹。对那些已经陷入圈套的人来说,世界充满怀疑,处处都有猜忌。几乎每一个居民都是有罪的,除非能够被证明无罪,然而在进一步通知之前,每次宣告无罪都只是暂时的,常常是可以上诉或是立即撤销的。任何联盟吸纳成员时往往要提供一个条款,指定可按需退出。承诺某事往往是不明智的,更不用说是长期承诺。暂时性的、灵活的团体(以免所有人际关系变得令人不安、难以相处从而走向破裂)是被坚持推崇和大多数时候所需要的:比如为了个人安全,人们总是倾向于依赖门口的中央摄像头和武装警卫,而非人性的善良与友好。

总而言之,落入此类陷阱后,世界将变得不适宜信任、团结和友好协作。这一世界为了它自己的目的,贬低并诋毁人与人之间的相互信赖、彼此忠诚、互助、无私协作和真挚友情。因此,世界变得越来越冷酷、陌生、讨厌;好像我们是某人(但是是谁呢?!)领地里的不受欢迎的客人,正在等待着已经在邮局或在某人发件箱里的驱逐令。在无休止的单方获利的游戏中,我们感觉到**被竞争者**包围。游戏中,牵手和手铐几乎没有区别，友好的拥抱和监禁常常相互混淆。用一句古老的谚语"人对人是狼"（一个人在他的同伴面前是一匹狼）来驳斥这种转变，那简直就是一种对狼的侮辱。

第四章　——　对言行不一的反思

竞争和对抗，作为一种生存方式，来源于少数人以贪婪为导向的发财致富的信念，这信念被视为人类全体通往幸福生活的最佳道路；而共同栖居生活却是以友好合作、亲密关系、分享，以及互相的信任、承认与尊重为基础的。如今，竞争和对抗，已取代了人性中对共同栖居生活的渴望。上文所描述的困境便是这一现象的终极结果。

然而贪婪并不会带来益处，无论是谁贪婪，它都无益于任何人。在这个沉迷于增长、消费、竞争、自私自利的市场化、个体化的世界中，这一观念应该尽可能被我们中的大多数人，生活艺术的践行者，所认知、理解和接受。事实确实如此。当询问人们他们所珍视的价值标准是什么，可能很多人，甚至绝大多数人都会最先提及平等、互相尊重、团结和友谊。但如果仔细观察他们的日常表现，关注他们在生活中的行动策略，我敢打赌你将从你的所见中得到一张完全不同的价值排行榜……你将会惊异于理想和现实、言语和行动之间的鸿沟是如此之大。

然而，我们中的大多数人并非伪君子——言行不一不是我们的主观选择，但凡能够避免，我们都不会这么做。即便有，也只有极少数人会选择生活在谎言之中。对我们中的大多数人来说，真诚是非常宝贵的价值，绝大多数人更喜欢生活在一个不会经常需要（更别提必须）撒谎的世界，最好永远都不需要。那么言语和行动之间的鸿沟来源于何处？我们是否能够得出这样的结论：与现实相对照，言语站得住脚的可能性很小？然而更关键的是：是否可能在言语和行动的鸿沟上架起一座桥梁？如果可能，又该如何搭建这座桥梁？需要什么材料？我们期待得到这一问题的答案——因为如果我们的价值观，以及我们用以交流价值观的话语，和我们称之为"现实"的力量之间不相匹配，进而无法完成表达现实的任务，那要它有何用？毕竟，我们用"现实"这一名称来指代那些太过强大而顽固，以至于不随人意愿或争辩而改变的事物，并非毫无意义。

1975年6月，埃利亚斯·卡内蒂（Elias Canetti）将他在超过26年间写的一些文章集结成册，名为《文字的良心》(*Das Gewissen der Worte*)。用他自己的话来说，他编著本书的意图在于重新回想、收集、思考那些过往时代中（当时人类正要进入史上最黑暗的时代之一，但人们没有注意它即将到来）保留下来的创作和实践的"精神典范"。这些"精神典范"所剩寥寥，而且越来越少，但在这个"人性之敌"即将成功，差不多要毁灭地球的"荒谬时代"，他们仍然保有一些效用——鼓舞行动的潜力和引领行动的能力。

这本合集以卡内蒂于1976年1月在慕尼黑发表的一篇关于作家这个职业的演讲作结。在这篇演讲中，卡内蒂正视了一个问题：在当前的世界形势下，作家或迄今为止被认为是作家的人，是否能发挥某种作用？他选择了一个不知名作家于

1939年8月23日提出的一句陈述作为开篇:"作家能发挥作用的时代已经结束了。如果我是一个真正的作家,那我本该有能力阻止战争。"在卡内蒂看来,这一观点是非凡的,原因有两个:

第一,它承认了现实的无望:作家不再可能阻止战争——这一时代已经"结束",我们已经没有机会或希望阻止正在发生的灾难,我们已经达到行动能力的极限;不过我们没有理由因此就假定,可怕的困境无法在某种程度上被避免,或者避免的方式从未存在过,抑或方法不可能被找到和选择。失败并不意味着战胜迫近灾难的可能从未存在过,而只意味着这种可能因无知或疏忽被中止、放弃了。失败并不必然会弱化"精神典范"的潜力(在此例中,表现为"真正的作家"典范),而只是削弱了宣称要追随精神典范的那些人奉献的热情与毅力。

第二,这句陈述的无名作者坚持认为,一个真相已经从这个安然无恙的挫败中浮现:一个作家是否称得上是"真正的"作家,事实上仅仅取决于她（他）的话语带来的是幸福还是灾难。本质上，一个作家只有通过话语履行了她（他）作为一个职业作家对国家的**责任**时，才能称得上是"真正的"作家。造就一个"真正的"作家的，是**其话语对现实的影响力**。用卡内蒂的话来说，则是"为一切可用言语表达的事物承担责任，并为言语的失败而忏悔的愿望"。

基于这两个原因，卡内蒂宣称他得出了一个结论：今天不存在真正的作家，但我们应该满怀热情地期待他们存在。要怀抱这样的期待，意味着我们要继续努力变得"务实"，无论成功的前景是多么渺茫。"在这个人们轻轻松松地就定义为最盲目的世界之中，那些仍然坚持认为世界仍有可能改变的人的存在，有着极其重要的意义。"

补充一点，将对这个世界的责任归到一个人身上显然是荒谬的；但是，承担责任的决定，包括为这个决定及其后果所要承担的责任，是将世界从终将招致毁灭和自我毁灭的盲目中拯救出来的最后机会。

说了那么多，读了那么多，也思考了那么多，我们仍然无法驱赶那萦绕于心的阴郁而令人痛心的预言：坦白地说，这个世界对卡内蒂所说的"真正的作家"，并没有那么热情和友好。这个世界似乎不是在防御灾难，而是在防御先知——在这个防卫严密的世界中居住着的人们，只要不突然被剥夺居住的权利，那么他们就会在各自的疆域中，避免那些四散呼号的先知的数量（哪怕是略微）增加。正如阿瑟·库斯勒（Arthur Koestler）不断提醒我们的（虽然向来都是徒劳），人为的失明是世代相传的……在另一次大灾难的前夕，"1933 年及此后的两三年内，唯一清楚地知道年轻的德意志帝国正在发生什么的人，是数千个流亡者"，他们被定罪为"总是不受欢迎的、言辞尖利的卡珊德拉（Cassandra）"。[1] 同一个作家在数年后（1938 年 10 月）提出："阿摩司、何西阿、耶利米（Amos, Hosea, Jeremiah），都是很好的传道者，但他们仍

---

1 See Arthur Koestler, *The Invisible Writing* (1954), here quoted from Vintage edition of 2005, pp. 230—235.

然无法动摇和警告民众。卡珊德拉的预言振聋发聩，可特洛伊战争（Trojan war）还是发生了。"

看起来，人们似乎总是需要通过灾难的真正发生来识别和承认灾难的到来（事后悲叹，唉，只能是事后）。如果确实如此，那真是令人恐惧和寒心。我们究竟能否驳倒这一结论？我们永远无从得知，除非我们一遍一遍地尝试，即便一次比一次艰难。